高等学校新闻传播学应用型系列教材

新闻报道策划实务

王溥　编著

武汉大学出版社
WUHAN UNIVERSITY PRESS

图书在版编目(CIP)数据

新闻报道策划实务/王溥编著.—武汉：武汉大学出版社，2020.12
(2024.8 重印)
高等学校新闻传播学应用型系列教材
ISBN 978-7-307-21983-0

Ⅰ.新…　Ⅱ.王…　Ⅲ.新闻报道—策划—高等学校—教材
Ⅳ.G212

中国版本图书馆 CIP 数据核字(2020)第 234738 号

责任编辑:聂勇军　　　责任校对:李孟潇　　　版式设计:马　佳

出版发行：**武汉大学出版社**　(430072　武昌　珞珈山)
(电子邮箱：cbs22@whu.edu.cn　网址：www.wdp.com.cn)
印刷:武汉中科兴业印务有限公司
开本:720×1000　1/16　印张:13　字数:240 千字　插页:2
版次:2020 年 12 月第 1 版　　2024 年 8 月第 5 次印刷
ISBN 978-7-307-21983-0　　定价:30.00 元

作者介绍

王溥，华中科技大学教授、博士生导师，中国传媒经济与管理研究委员会副会长，经济学博士。在媒体工作近20年，先后从事评论理论、特稿写作、经济报道等新闻实践业务。曾任《楚天都市报》常务副总编辑、《楚天金报》总编辑，具有较丰富的新闻实务和管理经验。主要研究领域：新闻内容生产与传播、媒介经营与管理等。

郭缨，河南大学文化产业与旅游管理学院教师，硕士生导师，文学博士，中国旅游研究院文化旅游研究基地研究员。主要研究方向为：视听新媒体、城市文化传播。主持并参与多项省部级研究课题，在A&HCI、SCI、CSSCI等国内外期刊发表多篇学术论文。

写在前面

新闻史学家艾迪说，大众媒介是集体记忆的重要元素。

智能移动互联技术对新闻生产、传播方式和媒介格局，所产生的影响宽度和深度，超越了传统经验认知。介质被颠覆，个体被激活，话语被更新，大众媒介面临着前所未有的全域性与时俱进诉求。

在由革命、转型、融合、创新等为关键词的媒介新生态中，弥漫着普遍性焦虑和茫然，传统新闻生产范式和传播方式遭到不同程度的放弃甚至抛弃。这究竟是技术带来的“合理存在”还是不假思索的成见，在喧哗嘈杂的争议中，格外需要秉持必要的冷静和理性。

在“人人都是麦克风”的所谓众媒时代，信息的供给虽然呈现几何倍数增长，但信息的质量却呈现每况愈下的趋势，连媒体人都惊呼“信息太多、真相太少”、“新闻太多、记者太少”。经历了一个个新闻反转事件、聆听到不绝于耳的噪音之后，对新闻专业化的呼声重新扬起。

从专业化角度出发，面对主要由技术引致的“破坏性创新”，新闻生产和传播哪些方面需要改变，哪些方面需要传承甚至坚持，是学界和业界需要共同研讨厘清的紧要议题。否则，很容易导致新闻行业共同体的迷失和沉沦。

新闻报道策划即是新闻专业化的体现之一。它本身受媒介形态变革的影响并不大，但却是审视媒体需要变与不变的难得对象：一方面它需要秉承传统的基本原则，另一方面又需要观照网络等新元素。换言之，媒介格局演变不会冲淡新闻报道策划的功能与使用，但传统新闻报道策划面对新的环境必须自觉创新。

新闻不死，策划不止。

这本书要探讨的主题是：新闻报道策划的“变与不变”。

目　录

1990年代中期，一个被称为“信息高速公路”的新鲜名词开始出现在大众视野里。当时，高速公路本就是稀缺物，绝大部分人自然更不清楚“信息高速公路”这个词的确切含义，亦难理解“信息”怎么可以行驶在“高速公路”上，哪些信息可以上这条说得神乎其神却又看不见的“高速公路”。

这是科学技术应用和普及常见的现象。一项新技术尤其是新技术启用初期，技术缺陷和认识缺位带有规律性和普遍性，甚至可能遭遇逆淘汰。但在这懵懵懂懂背后，越来越多的人还是能够预见到大众信息供求将会迎来重大变化，只是不清楚变化的速度和效果，以及将以怎样的方式展开。

这条无形的“高速公路”，带来的最大变化会是什么呢？

是信息容器边界大大扩展。过去信息供应就像拧不动的自来水管，始终无法放量出现。“信息高速公路”开通后，在上面奔跑的“车辆”多了，信息供应主体如雨后春笋般涌现，信息供应量大大扩容；“车速”明显加快了，计算机接入、BB机投用、带宽扩大，信息传播速率提升渗透于日常生活各种细节。更令人意想不到的是，这条“高速公路”上很快出现了拥堵和超载，国内外各种各样的信息呼啦啦一下子跑到大众面前，信息接收视窗突然放大。

当大多数人回过神来，才意识到信息对人们日常生活和社会运行的影响已经从“潜移默化”转到“大张旗鼓”，所谓的信息时代扑面而来。

第一章　新闻报道策划背景再认识

信息本身具有层次性，新闻是具有较高素质的信息。互联网在更大程度上带来的是信息流改变，并不意味着新闻供给数量尤其是质量必然同比变化。

但是，这种改变对信息生产的专业化和规范化提出了更高要求。

一、网络化、个人激活与信息滥觞

1. 网络化实质是全球化的结果和延伸

全球化是20世纪后期人类社会的显性特征之一，并被当做既成事实武装全世界的大脑。关于究竟什么是全球化，迄今并没有统一的定义，其历史溯源的说法更是莫衷一是。但是，近30年来，作为推动世界进程的重要力量和存在形式，全球化得到了世界各国、各领域的广泛接受和认同。在其表征中，以经济为核心纽带，但其外延不断在拓展。尤其是全球通信系统的建立和完善，标志着人类进入了相互联系、共同生存的一体化时代。在1987年世界环境与发展委员会的报告《我们共同的未来》中，世界达成前所未有的新共识：我们生活在地球这个"太空船"上，并且只拥有一个共同的未来。

在全球化浪潮下，互联网应运而生，然后与全球化交配，构成了人类迄今为止最具想象性和复杂性的虚实合一的世界。

从技术演进角度看，互联网实质是全球化的结果和延伸。当然，发明者未必完全意识到这项成果带来的革命性影响，更未完全预估到这项技术带来的超预期冲击。

从互联网的名称由来，可以看到它的全球化基因密码。互联网(Internet)又称网际网络或因特网，始于1969年美国的阿帕网。发明的动机源于军事需要，但当与科研院校的资源链接后，意想不到的聚变效果立即爆发。其后，在欧洲及其他国家的共同合作下，互联网的功能快速增扩和释放，从最初的实验室到社会各个领域、从数据运算到文本和语音切入，及至现在衍变为人类通信和交往的重要工具。

正在谋求民族复兴的中国，有幸赶上了这次技术红利，并且成功进入全球第一方阵国家，大步迈进“互联网+”时代，每个人都堪称这个海量网络中的微小符号，共享及时性、交互性社交便利。互联网爆发的摧枯拉朽式力量，以前所未有的宽度和深度改变着社会和生活，传媒产业的应变风生水起。

也许有一天，全球化被人为力量暂停了，但作为全球化遗产的互联网会始终青春永驻。

2. 高维媒介与个人激活

新闻传播学领域对新技术的感应向来敏感。近年来，我国新闻传播学著名学者喻国明反复宣讲互联网的重大时代意义，呼吁全社会对互联网要有更深层次的认知。

在喻国明看来，互联网不是以机构为形式的一种社会传播形态，它激活了个人，当个人足以和一个机构一样来实现大面积社会传播效能的时候，整个世界的结构方式、组合方式就发生了一系列深刻的巨大的改变。互联网作为一种不同于传统媒介的高维媒介，其最大特点是改变了以往以机构为基本单位的社会传播生态和运行格局，取而代之的是以个人为基本单位的社会传播，由此形成了传播领域的种种新常态。①

按照这样的逻辑，意味着传统传播方式将会被颠覆，喻国明对传统大众媒介摆脱困境开出了建设性药方：传统媒介现阶段所面临的困境实际上是互联网作为一种新的社会传播范式对于传统媒介两大价值基点的颠覆性解构。要走出这个巨大的困境，需要我们对互联网所创造的新格局和影响力造就的新方式有一个全新的认识。粉丝经济的营造和在地性资源的激活能帮助传媒重新实现内容的价值变现。对于传统媒体而言，当前最为紧迫的问题是要寻找一个适合自己的接入端，并突破以个人为主体的社会关系渠道所构造起来的社会传播的“最后一公里”，有效解决传媒面临的渠道失灵和中断的困境。“关系赋权”已成为互联网时代传媒价值重新构建的新范式，任何新的技术与传播手段，都必

① 喻国明、张超、李珊等：《“个人被激活”的时代：互联网逻辑下传播生态的重构——关于“互联网是一种高维媒介”观点的延伸探讨》，《现代传播》2015 年第 5 期，第 57 页。

须在这样的范式下来实现真正的传播价值与影响力，而能否有效地掌控和激活蕴含于每个人当中的关系资源，并用激活和场景技术来强化和改造我们的传播形态，则是未来传媒转型成功与否的关键所在。

激活原指刺激有机体内某种物质使其活跃并发挥作用，后来被广泛运用于各种社会场景。但这样的社会化景象，并非是今天才有的独特奇观。如果将其放到中国改革开放40多年伟大历程中去考察，场景切换往往既是改革的过程也是改革的结果。

40年前的很长一段时间，我们国家商品交易基本上采用国有(或集体)垄断专营模式，社会资本和自然人被严格排斥在市场化经营主体之外。20世纪80年代初，发轫于湖北武汉汉正街的私人(个体)零售批发模式被迅速复制普及，其经验被各地广泛复制，无数的个体经营者被激活，传统的商品交易方式和交易格局被解构和重塑。

今日直觉脊背发凉的传媒业界与当年国有商业企业和集体供销企业面临的境遇并无二致。考察传统媒体的挑战与新生，供销系统是最好的观照样本之一。

与喻国明形成呼应的是清华大学彭兰教授提炼的“众媒”概念：众媒时代每个人都是媒体。这个观点是对麦克卢汉相关思想的吸收和转化。

在媒介变革的风口浪尖，新的概念、逻辑、分析和判断如天女散花，纷繁绚丽。作为这个时代的隐喻——互联网技术的演进和使用的爆发，导致以规模化、组织化、专业化为切入点的传统媒体生产方式面临瓦解，以特别赋权、特殊功能、特有管控为特征的传统媒体传输线路面临短路。

激活用户和用户激活，成为高维媒介背景下的逐鹿焦点，也成为新闻生产不得不尊重的客观现实。

3. 信息滥觞与信息爆炸

互联网的内在特性，对传统管制式、垄断式、定量式信息生产提出了改造要求。在中国，因为客观上早期对互联网渠道和平台的自然放松甚至人为放任，信息供给巨变几乎在一夜之间不知不觉地得以完成。在智能手机普遍性使用不到十年的时间内，借助中国庞大的网民基数，以及迟滞的网络“看门人”规制，信息供应已经表现出泛滥的趋势，大众从信息饥渴快速切换到信息疲劳和信息焦虑当中。

信息泛滥是指社会信息量急剧上涨，流速不断加快，以至超过了人类处理利用信息的能力，使人们承受着过度的信息冲击，感受到强大的心理压力的一种不正常的状态。

信息泛滥的根本原因在于信息技术迅速发展、信息流动速率大大加快，每个个体被激活，信息生产、传播和接收的“三位一体”，导致各种信息层出不穷，令人目不暇接，眼花缭乱。然而，人类大脑的机能毕竟相对稳定有限，大量信息尤其是噪音干扰造成“血管堵塞”，以致滋生各式各样的“信息病”。

于是，每个人都可能成为信息的主动供应者、分享者和解释者，也可能成为信息的被动接收者、受损者。

二、互联网时代的信息使用与满足

信息指音讯、消息、通信系统传输和处理的对象，泛指人类社会传播的一切内容。人通过获得、识别自然界和社会的不同信息来区别不同事物，得以认识和改造世界。在一切通信和控制系统中，信息是一种普遍联系的形式。1948年，数学家香农在题为《通讯的数学理论》的论文中指出：“信息是用来消除随机不定性的东西。”创建一切宇宙万物的最基本万能单位是信息。

在漫长的信息供应史中，研究者的主要兴趣和精力偏好于从传播者角度，追求生产方式的“帕累托改进”过程和传播预期的实现。至于受众信息消费动机、消费预期和影响，以及相互之间的内在关系，往往被忽视。

这种状况一方面吻合信息供应短缺时代，受众缺乏消费选择的客观条件和现实可能，只能被动接受单向传播；另一方面也表明，消息生产的社会效果未能得到充分体现和认知。从控制论角度来看，只要有效管控信息生产者，就可以实现某种均衡。这种传播结构对社会的干预必然表现出简单和肤浅特征，在无法过滤的窘况中，相当一部分人构建起坚固的“信息茧房”。

于是，我们常常遇见这样的信息互动鸿沟：一方面，实业界迫切希望寻找到消费者在哪里、希望消费的品种以及消费目的，却苦无对策；另一方面，消费者对供应者的意见反馈又无法及时得到沟通和交换。

除了信息供应能力受到客观上的掣肘之外，还有哪些因素影响了研究者的思维、羁绊了实业者的视野，这是个有趣的话题。上述情形很容易让人略有牵强地联想到经济学史上的“萨伊定律”。在萨伊那里，供给创造需求，或者说需求是由供给主导的。现代意义上的大众媒介，发端于重商主义，骨子里信奉萨伊定律，认为媒体在信息传播链条中居于上游优势位置，提供什么受众才能够并只得看什么。

美国社会学家 E. 卡茨试图打破这种单向思维的僵局，就好比凯恩斯主义在经济学的悠悠长河中兴起。卡茨及其追随者尝试从受众的心理动机和心理需求角度出发，结合心理学和社会学相关知识，解释人们使用媒介以得到满足的行为，提出受众接受媒介的社会原因和心理动机。

媒介作为一种公共产品，具有典型商品属性。从这个视角出发，卡茨在宏观上完成了媒介作为产品研究的整体性，其意义应该得到更充分的认可。虽然卡茨未必意识到50年后媒介格局的巨变，但他已经开辟了一条前瞻性道路。

在以用户为中心的互联网场域中，在信息滥觞的新情势下，什么样的信息真正具有有效性？怎样才能生产有市场的信息？什么样的信息可以让需求方使用与满足？用户使用了不同信息产生的连锁反应是什么？这些反应是如何生成的？传统媒介是转做“零售型”媒体还是坚守“批发型”媒体？是推倒式重来还是继承型扬弃？当我们在憧憬和勾勒媒体未来形态和格局时，是否需要反思媒体存在的原始价值功能，是否需要反思非技术性因素的破坏力量？

从互联网到移动互联网，再到智能移动互联网，互联网媒体经过三次进阶，但这一系列追问，仍然需要理论界帮助思考和解答。对如火如荼开展深度融合转型的传统媒介来说，解答这些问题更是势在必行、迫在眉睫。

三、信息供需失衡的背后

1. 信息泛滥：整体性与结构性矛盾

传统信息内容生产有三大来源：私人生产、专业媒体生产和社会组织生产。其中，专业媒体作为信息发布的主要平台，堪称信息生产的寡头。同时，三者之间的重合部分(即彼此之间互为生产者和使用者)并不突出，尤其是个人生产与后两者之间的重叠几乎可以忽略不计。

在互联网时代，三者之间的位置发生了明显位移，UGC(用户生产内容)、PGC(专业生产内容)、OGC(职业生产内容)之间的重叠部分整体虽不大，但较过去明显增加。

个人生产(含私人法人)异军突起，大有引领风骚的气势。2013 年，酷 6 网每天用户上传视频超过 10 万条；来自新浪微博的数据显示，2014 年 8 月新浪微博内视频日分享量已经超过百万，日播放量峰值达到了 1.5 亿。据中国互联网信息中心的最新数据显示，国内直播用户 2016 年上半年达到 3.25 亿人。中青在线 2018 年 9 月报道说，360 清理大师发布的《2017 年度清理报告白皮书》显示，一台手机每周平均会产生 3.75G 的手机垃圾。其中，图片占 34%、视频占 17%，二者合计占据手机垃圾的“半壁江山”。如此海量，尚且限于“垃圾信息”。

组织生产的地位得到强化，尤其是公共组织的信息发布不再完全借助第三方，往往首选自身网络传播平台。特别是与大众生活息息相关的公安、交通、社保、水电气等公共服务部门的信息生产和传播基本依靠自身力量完成生产，凭借自身平台实现传播。《武汉市公安局 2018 年度政府信息公开工作报告》披露，武汉市公安局及公安交通管理局、消防局、出入境管理局等部门和各区公安分局充分发挥政务网站的主渠道作用，公开政府信息 19385 条；通过政府公报、网站、微博等多种方式公开政府信息 54000 余条。可见，政府公共部门已从过去的信息供给者变成了供给+传播者。

形成鲜明对照的是，传统专业媒体生产的地位大幅削弱，基本上扮演信息转发的角色，有限的独家信息往往也立足于既有信息的简单再加工。

这种供应结构是信息泛滥产生的根源，也隐含了信息品质的脆弱性。尤其是 UGC 的快速崛起，导致信息的海量供应，但亦导致信息质量的整体性沉降，尤其是垃圾信息、侵犯个人隐私信息的大量滋生极易引发用户量和用户活跃度下降。

信息整体性过剩与结构性失调的局面已经引起传播渠道的高度警觉。实际上，信息稀缺已经成为现实存在。“人类在相互交往中寻找安慰、价值和保护”，培根的警告在这个时点找到了最好的印证。

2. 信息生产盈亏

2017 年，传统专业化内容生产商从用户对垃圾信息的厌恶中寻找到了些许安慰。从供应上游到用户终端，追求品质化内容生产的呼声再度提起。

一个不争的事实是，过去自以为荣的传统专业媒体，在内容产品的设计、包装和销售方面，不仅仅系统性落后于互联网时代的用户要求，而且更致命的是，其通过漫长流程生产出来的内容信息的品质大幅下滑，距离教科书式的“新闻”定义差距明显。从某种角度讲，这是因为自身品质的下降葬送了市场，是自己断掉了自己的财路和生机。显而易见的一个观察侧面是，传统专业媒体的内容信息不再是网络平台传播的主导者，相反成了网络的附庸甚至跟班。

无论是从生产方式的繁琐、生产议程的冗长还是生产决策的拖拉，都可以从技术环节、把关因素、功能定位、介质形态等诸多层面解析传统媒介在内容供应上的短板，但有一个因素长期被广泛忽视，即信息内容生产的成本计算。

以湖北省一家知名“市场化”平面媒体为例，其在内容生产上每年的直接投入不下6000万。这是一笔刚性成本，以每天原创20条新闻信息计算，其每条信息生产的成本在千元左右。由于缺乏对原创内容的制度性保护，这些耗费高昂的新闻内容几乎以免费方式被网络传播平台直接享用。在传统媒体盈利无法平衡亏损的情形下，结果必然形成恶性循环：传统媒体失去了对原创优质内容生产的积极性→内容乏善可陈导致品牌影响力下降→经营收入下降→无力支撑优质内容生产的积极性。

近年来，越来越多的知名媒体忍痛缩减甚至裁撤深度报道部门，其背后的重要动因是投入产出比过低，高昂的制作成本限制了媒体的激情和理想。

所以，考察传统媒体日益式微，需要更系统的视角。对品质信息内容生产成本的忽视，必然带来全域性信息的粗制滥造。不管在互联网时代还是物联网时代，“没有免费的午餐”是基本商业逻辑。

3. 信息稀缺

在中国的产业结构图中，餐饮行业是对标传媒产业的另一个极好窗口。

市场竞争的法则是，诸如餐饮之类进入门槛较低的行业，竞争必然更加激烈；在一个大街小巷星罗棋布的行业中，消费者往往难以找到适合口味的商家。要想在充分竞争的市场格局中脱颖而出，商家必须拥有引人驻足和回头的招牌菜。

互联网可以使人人都是传播者，人人都是生产者，但生产主体的严重过剩，必然催生大量粗制滥造的“路边摊点”和缺斤少两的“摊贩”。

从一般经济发展规律而言，假冒伪劣品出现的高峰期，往往发生在商品短缺时代。但今天在信息供应方面，这条规律正在走向失灵，即一方面信息总量严重过剩，另一方面结构严重失衡，有效信息日益稀缺。

当整个社会开始认识到信息稀缺时，也意味着对这个行业发展矫正的开始。当然，将认识变成行动和结果，是一条漫长的路。

4. “工匠精神”与信息生产

在市场经济活动中，各类人员对有关信息的了解是有差异的；掌握信息比较充分的人员，往往处于比较有利的地位，而信息贫乏的人员，则处于比较不利的地位。经济学将此称为信息不对称理论。该理论充分说明了信息的重要性，以及因获得信息渠道之不同、信息量的多寡而承担的不同风险和收益。

这一理论对作为信息生产重要组成的新闻行业来说具有现实指导意义。从某种意义上讲，新闻行业存在的价值就在于弥补信息不对称的缺陷，新闻内容生产就是向市场供应信息“信号”。履行这样的社会功能职责，需要以工匠精神，锻造信息精品。

随着人们交往范围和频率的提升，信息在社会生活中的要素意义不断提升。移动传播工具的出现既利于分割阅读时间，也激活了碎片化时间，碎片化消费成为人们日常生活的重要图景。但是，碎片化消费与信息的完整性、精确性之间并无实质冲突。相反，视时间为生命的现代社会，充分利用碎片化闲暇接收丰富完整、精确真实的信息诉求反而得到提升。

因而，碎片化消费既不是碎片化信息制造的理由，更不是粗制化信息提供的出路。在滥竽充数的信息供应面前，时代呼唤“工匠精神”。

工匠精神是指工匠以极致的态度对自己的产品精雕细琢、精益求精、追求更完美的精神理念。这一精神理念追求卓越的创造精神、精益求精的品质精神、用户至上的服务精神，其目标是打造本行业最优质、同行无法匹敌的卓越产品。

工匠精神是治疗当下社会心浮气躁，追求“短、平、快”、忽略产品品质灵魂的药方。具体而言，新闻行业的工匠精神就是要秉承新闻生产严格意义上的专业化。当然，这并不意指新闻生产必须交由传统媒介组织完成，而是要求所有新闻内容生产单位和个人，必须遵守应尽的职业准则，必须恪守应尽的标准规则。在 UGC 供应模式不断扩大的信息流面前，大量信息生产者既无工匠意识，也缺乏必要的工匠技能和素养，在保证了信息及时性的同时，也往往因断章取义或被假相掩盖，导致新闻反转现象层出不穷。

【思考题】

1. 如何理解互联网是一种高维媒介？
2. 如何理解信息供应的结构性失衡？
3. 如何理解“工匠精神”与信息生产的关系？

第二章　新闻报道策划的开源与流变

对“策划”一词的解释，《辞海》《词源》和《辞源》给出的回答大同小异：筹划、谋划、计划。

“策划”一词的汉字首用，迄今已有2000年。南朝刘宋时期历史学家范晔编撰的纪传体史书《后汉书》“隗嚣传”中，记载“夫智者睹危思变，贤者泥而不滓，是以功名终申，策画复得”。① 意思是说，聪明之人面临危机时能思考变通之法，贤惠之人在污泥环境中不被沾染，方可功成名就，施展智谋。此处的“画”同“划”，“策画”就含有策划、谋划之意。隗嚣字季孟，天水成纪(今甘肃秦安县)人，有史料估计，生于约前72年，卒于公元33年，一生忙于盘算和谋划命运。

但关于策划的行为追索，实际上从人类开始有了意识自觉后，就应该已经出现。远古人类设伏围猎，敲山震虎，把动物骗进包围圈，就是典型的猎食策划活动。

随着知识的不断积累和丰富，人类策划水平与人类文明一起共同成长。在后来的历史文献或诗词中，策画(划)一词常被提及或引用。譬如，唐代元稹在《奉和权相公行次临阙驿》中留下了诗句：“将军遥策画，师氏密讦谟。”②至

---

① 《后汉书》是继《史记》《汉书》之后又一部私人撰写的重要史籍，二十四史之一，与《史记》《汉书》《三国志》合称“前四史”。书中分十纪、八十列传和八志，全书主要记述了上起东汉的汉光武帝建武元年(公元25年)，下至汉献帝建安二十五年(公元220年)，共195年史事。

② 语出元稹《奉和权相公行次临阙驿》：帝下赤霄符，搜求造化炉。中台归内座，太一直南都。黄霸乘轺入，王尊叱驭趋。万人东道送，六纛北风驱。栈阁才倾盖，关门已合繻。贯鱼行逦迤，交马语踟蹰。去速熊罴兆，来驰虎豹夫。昔怜三易地，今讶两分途。别路环山雪，离章运寸珠。锋铓断犀兕，波浪没蓬壶。区宇声虽动，淮河孽未诛。将军遥策画，师氏密讦谟。汉上坛仍筑，褒西阵再图。公方先二虏，何暇进愚儒。(注：讦 xū，大；谟：计谋，谋略。)

于策划行为和技术，《三国演义》可谓体现得淋漓尽致。

发展到现当代，策划的内涵虽然没有多大变化，但应用范围逐步扩散到各个领域，从国家战略到区域合作，从产业规划到企业运营，从学业、职场到婚姻和人生等，都离不开策划。《哈佛企业管理》将策划表述为：“策划是一种程序，在本质上是一种运用脑力的理性行为。基本上所有的策划都是关于未来的事物，也就是说策划是针对未来要发生的事情做出当前的决策。换言之，策划是找出事物因果关系，衡量未来可采取之途径，以作为当前决策之依据。亦即策划是预先决定做什么，何时做，如何做，谁来做。”

“策划”一词何时拓展到新闻报道领域，无从考证。从逻辑上来讲，新闻报道策划应该起源于新闻生产伊始，其普遍推广则与新闻生产的专业化息息相关。如同社会其他行业分工一样，当新闻信息传播从社会分工中独立成一门技术工作时，必须对其生产流程和产品制造进行相应的规划设计。换言之，新闻报道策划是与现代新闻生产相伴相生的，是现代新闻报道传播的同步助手。

新闻事业发展到今天，新闻报道策划不仅成为新闻生产不可或缺的工序和必备的基本技巧，而且是彰显新闻学存在价值的理论注脚之一，对新闻报道策划的研究更是成为一门显学。

当然，新闻报道策划从概念提出到被仰视为新闻信息传播的“关键”和“灵魂”，一路上伴随着无数的争论。

一、新闻报道策划概念争议

新闻报道策划进入中国新闻传播学学术研究视野，始于 1990 年代，尽管在新闻实务界有关新闻报道策划的活动此前已经成为常态。1993 年蔡雯在《中国记者》第 3 期发表《报纸策划：当代新闻学新课题》，提示 1992 年报刊增刊扩版热潮是新闻报道策划的重要背景。

同年，蔡雯在《新闻战线》第 12 期《搞好新时期的报道策划》中进一步提出：社会主义市场经济大舞台的帷幕一拉开，新闻界骤然面对一个瞬息万变的新世界。明天将会发生什么？明天应该如何报道？这个问题突然比以往任何时候都劳人心智。过去我们习惯的“等、靠、要”，在今天似乎已显得不合时宜，事实上，已经存在的社会主义市场经济向新闻传媒提出了更高的要求。因此，我们要多研究报道策划，使宣传报道更好地适应市场经济的需要。

根据华中科技大学赵振宇教授的梳理研究，1994 年 5 月，中国地市报研究会在河南平顶山召开了首届全国地市报“报纸策划”研讨会，会议就地市党报的总体策划、编辑策划、采访策划、重点报道策划、专版专栏策划、版式版面策划以及地市党报走向市场策划展开了为期五天的研讨。①

作为新中国新闻传播学界首位“全国百篇优秀博士论文”获得者，蔡雯的博士论文也瞄准了争议甚广的新闻报道策划，其论文名即为：《新闻传播的策划与组织——宏观新闻编辑研究》。在此基础上，2001 年其又完成了专著《新闻传播的策划与组织》并予以出版。

在当时条件下，新闻报道策划是个全新概念，所造成的思想冲击久久不能平息。及至 1996 年前后，《新闻记者》《新闻界》《新闻大学》等刊物发表了一批业界和学界人士的系列文章，将争论不断推向高潮。

根据董天策教授的归纳，对新闻报道策划的内涵诠释主要包括四种：(1)新闻报道策划是对新闻事件的策划，是在新闻事实发生之前由记者参与设计促成事情发生并报道的行为。(2)新闻报道策划是对新闻报道的策划，是关于新闻报道的筹划和谋划。(3)新闻报道策划是对新闻业务的策划，是新闻采编人员对新闻业务活动进行有创意的谋划与设计，目的是更好地运用新闻资源，办出特色，取得最佳社会效益。(4)新闻报道策划是对传媒运作的策划，既包括新闻业务活动的策划，也包括新闻经营管理活动的策划。

但是，这场争论不仅超出了新闻报道策划本身的内涵，而且超越了新闻报道策划的技术运用范畴。

当时争论的焦点主要围绕以下方面：一是如何界定新闻报道策划的概念。新闻既然是指已经发生的事实，就不应该也不可能对其进行策划，即新闻报道发生在新闻事实之后，所有的策划都无法改变新闻事实。二是新闻报道策划的时点把握，是事前、事中还是事后。如果发生在事前，就不应归为新闻报道策划，而是策划新闻；如果发生在事中或事后，策划的意义如何体现。三是新闻报道策划的范围，是指报道还是包括媒体活动甚至经营。四是新闻报道策划的目的，是为了报道效果、经营效果还是整体效果。

今天重温这场争论，仍然具有重要的现实意义。因为争论的表层看似以策划为关键词，实则体现了对新闻究竟该如何定义、新闻报道策划对新闻走向是

① 赵振宇：《新闻报道策划》，武汉大学出版社 2010 年版，第 2~3 页。

否会造成人为干预等问题的深层追问。

进入新千年，华中科技大学新闻学院连续举办了两届新闻报道策划学术研讨会，会议以意见分歧巨大而收场。

二、新闻业界与新闻学界的认知分野与趋同

在学界争论不休时，新闻业界在新闻报道策划的实践方面早已如火如荼地展开，特别是以 1994 年《华西都市报》创刊为标志，市场类媒体如雨后春笋般出现，新闻报道策划被贯穿到日常业务之中。

与此同时，业界和学界对新闻报道策划的分野逐渐明显。学界更倾向于厘清概念和范畴，聚焦狭义上的新闻报道策划(即关于新闻报道的策划)，业界却在实践中努力混合概念和范畴，提出广义上的新闻报道策划(即关于新闻业务的策划)。

有“中国都市报之父”盛名的席文举，曾将新闻报道策划的范畴扩放到八个层面，将新闻报道和传媒运作置入其中，分别为报纸定位、办报思路、拳头产品、新闻报道、报纸营销、发展道路、社会活动、内部管理，几乎涵盖了新闻媒介的所有事务，其著作《策划传媒》(南方日报出版社于 2007 年出版)风靡一时。但学术界对其将新闻报道策划的泛化并不完全认同，大部分研究者坚持认为新闻报道策划最大边界应停止于新闻内容领域，过度泛化不利于焦点集中。

进入 21 世纪，因为研究不断深入，交流不断丰富，学界对新闻报道策划在新闻实践中的“含混使用”逐步被动承认和接受，对新闻报道策划的分歧研究兴趣逐步下降。如今，关于新闻报道策划的定义虽然仍有争论，但基本上保持了一致，即新闻报道策划主要是指新闻报道的策划，不宜随意放大泛扩，更不宜偏离主旨方向。至于涉及媒体经营方面的策划，则称之为媒介经营策划；涉及媒介品牌方面的策划，则称之为媒介品牌策划。

应该说，今天大家所谈的新闻报道策划，更具合理性和科学性，既规避了概念的泛化滥用，也更合乎新闻报道策划的本义。如今，新闻报道策划已成为新闻传播学科教育的基础课程之一。

三、策划为魂：夸张的修辞还是客观的提醒

新闻报道策划体现出的良好效果，不断强化媒体的运用意识，也得到新闻主管部门的充分认可，“加强策划”成为加强和改进新闻宣传的明确指令，甚至明确提出“策划为魂”的新闻管理理念。

这一重大变化，预示新闻报道策划从媒介内部运筹进入报道管理指导层面，体现出新闻主管部门对提高新闻报道能力和报道效果的更高期待。

为什么新闻生产主管部门如此重视新闻报道策划工作？“策划为魂”究竟是一种夸张的修辞还是及时的提醒？

首先，媒介去中心化趋势，倒逼传统媒介在内容生产上必须进行大刀阔斧的创新，维护和夯实内容生产者的优势地位。媒介泛化理念逐步被社会承认和接受，垄断型、管制型信息输出模式遭遇无处不在的新型媒介冲击。在日益扁平化的新型格局中，传统媒介在信息发布来源、时效和渠道上的比较优势逐步沦落，独家新闻被深度稀释。在此背景下，以策划为主导的独到新闻成为传统主流媒体的最后一道防线。对此，管理部门不可能熟视无睹，强调“策划为魂”实质上寄望借此提升传统媒体的舆论引导力。

其次，互联网开辟的网上舆论场与线下舆论场之间的较量日趋激烈，将线下可控意见有力传导到线上，加强和改进报道水平是重要策略。强调“策划为魂”，可以有效聚合线下力量，影响线上场域。

最后，传统媒介影响力下降直接关系到政治稳定，体制内媒介边缘化是主管部门不愿看到的场面。但在波澜壮阔的技术革命面前，任何力量都无法阻挡媒介形态格局的演变。如何将党和政府的声音有效传递到百姓脑中，并达到武装头脑的目的，加强报道策划是可行的技术性途径。

四、新闻报道策划流变逻辑

整体而言，新闻报道策划的流变，基本上围绕三条线路展开。

1. 技术角度

有人试图将新闻的专业性与约瑟夫·普利策的名言等同起来。作为美国大

众报刊的标志性人物，这位匈牙利后裔因创办了以自己名字命名的普利策新闻奖和哥伦比亚新闻学院而名垂青史。在他无数的名言中，“倘若一个国家是一条航行在大海上的船，新闻记者就是船头的瞭望者，他要在一望无际的海面上观察一切，审视海上的不测风云和浅滩暗礁，及时发出警报”，几乎成为铭刻在新闻专业学子心中的座右铭。19 世纪中后期兴起的新闻专业主义，则将客观真实、独立自由视为新闻专业主义的基本特性。而今，理想和情怀在某些场合则成了专业主义的另一个代名词。无论怎么去理解新闻专业主义，但是新闻生产中的技术性至少是专业主义的重要构成。新闻报道策划中的技术性，很大程度上取决于所采取的价值尺度、采访方式、叙述风格和呈现方式。具体而言，主要指结合历史背景、社会语境和时代需求，从专业技术角度出发去挖掘新闻中蕴藏的价值，选择切入角度和采访途径，采用最优化的话语表达和表现样式。从本质上讲，技术角度追求在新闻素材中发掘新闻价值的多样性以及聚焦最大化价值。

2. 媒介角度

新闻报道策划的主要运用对象为大众媒介。众所周知，“大众媒介是集体记忆的重要元素”(新闻史学家艾迪语)。按照施拉姆的说法，印刷品出现之前的口语传播谈不上进入媒介文化时代，所以大众媒介的主要形态主要包括报刊、广播和电视。20 世纪末期，网络成为大众媒介家族成员，并且呈现快速裂变趋势。那么，在新闻报道策划过程中就会出现因为媒介形态不同而导致策划执行差异的客观情况。譬如，同样报道一起交通事故，报刊更侧重于通过文字和照片来还原事情经过和现场，电视媒介可能直接通过画面来进行扫视，广播媒体希望借助被采访对象的同期声来复盘，网络媒体则可能聚合所有结构性和非结构性文本。同时，因为媒介形态差异，各媒体根据自身用户偏好，切入的角度也会有所不同。从根本上讲，媒介角度往往追求的是传播形态和传播效果，媒介对自身形象和地位的建构对新闻报道策划的用力和方向都有重要影响。

3. 社会角度

传播学先驱拉斯韦尔认为，传播行为具有三大社会功能，即监控环境、协调社会以适应环境、使社会遗产代代相传。查尔斯·奈特从社会学角度出发，丰富了大众传播的第四种功能——娱乐。一些经济学家也试图将媒介嫁接到经济活动当中，提出大众传播具有经济功能。施拉姆在《传播学概论》中对此进行了梳理和点评。新闻报道策划的社会角度正是希望努力跳出新闻传播的纯粹技术层面，力图构建新闻事件与社会之间的交互关系，从而将新闻的功能有效社会化。从这个视角出发，也就不难理解下面的行为了：新闻报道策划就是千方百计寻找具体新闻信息(事件)背后的真相、规律和本质，就是跳出新闻来看新闻，将新闻与社会搭建起广泛关系，进而彰显新闻的社会价值，推动社会的进步和发展。具体而言，策划人习惯性会全力追寻新闻事件非偶然性成分、被遮掩或忽视的事实、由点及面(或由面及点)的规律性、新闻事件的启示与思考，也就是将具象的新闻事件放置在“宏观社会”维度，探寻其内涵或隐喻的广义价值。

五、新闻报道策划再定义

因为内涵认识不一，对新闻报道策划的定义也就五花八门，各有千秋。

那么，究竟什么是新闻报道策划呢？

笔者认为，所谓新闻报道策划是指有计划、有组织、有目的地发掘新闻价值最大化的创造性活动。

这也意味着新闻报道策划具有以下特征：

第一，新闻报道策划必须遵从新闻事实，是在事实基础上的有序展开，不是策划新闻。

第二，新闻报道策划必须遵从新闻蕴含的内在价值，不能跳出事实范畴人为抬高或贬低新闻价值，是对新闻内在价值的立体性、客观性挖掘，新闻报道策划不能直接与经营关联。

第三，新闻报道策划必须遵从创造性原则，即新闻报道策划是创意性、创新性活动，是一种自愿的智力创新行为。

第四，新闻报道策划必须遵从计划性和组织性，即新闻报道策划需要周密的考量、有组织地实施。

【思考题】

1. 围绕新闻报道策划的学术争论焦点是什么？
2. 新闻报道策划流变围绕怎样的线路展开？
3. 新闻报道策划的特征有哪些？

第三章　新闻报道策划的理论涉及

由于新闻报道策划的实施主体是各类媒体，新闻理论界往往将之归为新闻实务的构成部分。亦因如此，对于新闻报道策划的理论研究不仅欠缺，而且往往被忽视。

实际上，新闻报道策划的实践过程不仅是各学科理论发挥运用的过程，而且其本身亦需要获得相应的理论支撑和指导。简言之，新闻报道策划具有内在的理论涵养和外在的理论支撑。

一、新闻报道策划的理论侧面

2000年，被誉为“中国都市报之父”的原华西都市报创始人席文举在著作《报纸策划艺术》中，对新闻报道策划进行了广义解析。书中将报纸从内容到广告、从发行到品牌的全链条运作都纳入了策划视野，几乎涵盖了报纸从产品到商品转换过程中的全域范畴。这本书在当时的业界曾经引起广泛关注。

有关新闻报道策划的理论研究特别是实证研究快速升温。2001年，华中科技大学赵振宇教授出版专著《新闻报道策划》，对新闻报道策划从定义到原则、从理念到方法均做出了清晰界定和规范。

蔡雯是较早深入研究新闻报道策划的学者，2001年在《新闻大学》上发表了《新闻传播策划与组织的理论体系建构》一文，表现出对新闻规律的全新认识。蔡雯的博士论文《新闻传播的策划与组织——宏观新闻编辑研究》入围“全国百篇优秀博士论文”，她是我国新闻传播学界第一位荣获此奖者。曾任人民日报海外版编委会委员的沈兴耕对这本著作充满溢美之词，称赞作者在深入研究了新闻学、编辑学之外，还广泛涉猎了管理学、市场营销学、创造学、系统科学、心理学等学科的大量理论成果。可见，蔡雯不仅提供了一种理论研究成果，而且其在收获成果的过程中汲取了其他学科的丰厚营养，从而从侧面印证了新闻报道策划内含理论的丰富。

中国传媒学术领域第一位教育部“长江学者”特聘教授、中国广播电视艺术学学科创始人之一的胡智锋，长期徜徉于新闻理论研究核心区域，2004 年出版《中国电视策划与设计》一书。亚马逊给该书的推荐词如下：结合具体案例，全方位地论述了电视节目及栏目的策划，从选题论证，到节目卖点；从风格的设计，到内容的节奏；从宣传推广，到相关的后期活动等。书中还就主持人效应、品牌意识、频道模式等几个问题，用具体案例进行解析。

2004 年，华中师范大学硕士研究生李玉梅在毕业论文——《框架：一个徘徊在新闻报道策划之后的幽灵》中，从框架理论视角重新阐释新闻报道策划的思维起点、栏目设置和具体运作，并以《楚天都市报》的策划实例为证，说明新闻报道策划不仅是一种操作方法，更是一种思维方式。论文分析了框架理论与新闻报道策划之间的关系，分别从框架的高层结构、中层结构和低层结构三个层面分析了框架理论在新闻报道策划中的运用。

2007 年暨南大学芦锦霞在《媒体新闻事件策划研究》中，尝试在公关关系学和新闻传播学两个范畴内梳理媒体新闻事件策划的概念，同时引入“议程设置”理论、“拟态环境”理论、“把关人”理论等分析媒体新闻事件策划的合理性和局限性，并解读其在实践中的积极效应和现实误区。

次年，暨南大学学生邹妙玲在毕业论文《都市报新闻报道策划范式研究——以〈南方都市报〉为例》中，从科学社会学的范式理论出发，结合在社会经济体制转轨的时代背景下，都市报所面临的种种挑战和困境，在新世纪逐步展开的“新主流媒体”化的转型以及给新闻报道策划带来的变化，追溯了《南方都市报》等主要都市报自 20 世纪 90 年代以来主要的新闻报道策划实践，总结了都市报自创办以来不同时期的新闻报道策划的原因、特色及意义。

2015 年上海大学博士研究生廖婳婧，从布尔迪厄的场域理论视角，将东方卫视节目生产放置在国际都市的历史机缘和海派文化的语境中进行考察，进而探讨政治、经济和文化等场域对电视场实践的影响。廖婳婧的研究充分运用了媒介社会学、文化研究等方面的理论。

在中国知网上输入“新闻报道策划”进行搜索，发现有关新闻报道策划的理论研究近十年来热度不减，近年来热度更甚。

表 3-1　以“新闻报道策划”为主题的文献数量统计

年份	文献数量
2017(截至 10 月)	794
2016	1159
2015	1250
2014	1298
2013	1400
2012	1221
2011	1167
2010	1177
2009	1095
2008	1104
2007	1063
2006	846
2005	703
2004	118
2003	652
2002	534
2001	450
2000	366
1999	297
1998	229
1997	272
1996	137
1995	94
1994	55
1993	16
1992	9
1991	3

续表

年份	文献数量
1990	2
1989	2
1988	1
1987	1
1986	1
1985	1
1964	1
1953	1
1952	1

表中不仅展现了新闻报道策划理论研究的丰富性，而且在一定程度上揭示了新闻报道策划与媒介发展之间的正向关系。媒体越发达，竞争越激烈，新闻报道策划的显要度就会越高。

二、新闻报道策划的理论正面

1. 新闻报道策划与人文理论素养

新闻业界有一个形象的说法：新闻专业毕业生的技术优势只有半年。这句话虽然可能有些偏颇，但却强调了一个优秀新闻工作者需要具备更丰富的理论素养。不少人认为，人文理论素养是所有人文学科专业的基础性技能，但我想特别指出的是，在新闻领域，这句话体现得更加直观。

在新闻具体业务中，相较于新闻学教科书中所传授的“操作技术性”，人文理论素养则堪称一个优秀新闻人的知识底盘和思维引擎。人文理论素养丰厚的从业者，不仅往往更具业界格外强调的“新闻悟性”，而且会在日复一日的具体实务尤其是面对不厌其烦的同类题材中找出新亮点。理论知识不经意间就会“随风潜入夜，润物细无声”，这是“技术性知识”无法比及的强大力量。因此，新闻业界还有一个普遍共识：新闻业务能力在新闻知识之外。

新闻报道策划强调的人文理论素养，当然多多益善，但在具体运用中，哲学、历史学、社会学和管理学理论知识的直接和间接运用相对更加明显。

2. 新闻报道策划与传播学基本理论

发轫于20世纪30年代的传播学，因为与政治学、经济学、人类学、社会学、心理学、哲学、语言学、管理学等多种学科的广泛交集和密切交往，极大拓展了传统新闻学的研究视野和学术路径。与今天传播学研究者略有差异的是，传播学五大奠基人中有两位直接具有新闻实践经历，另外三位的研究也基本立足于对现实问题的深度观照。从逻辑起源看，传播学胚胎仍然来自新闻学。令人称奇的是，虽然五位奠基人中有两位来自欧洲，但其对传播学的成果贡献都与美国有紧密关联。

传播学在美国问世后，迅即传遍欧洲和日本。王怡红在《历程与趋势：改革开放以来的传播学》中提及：1978年，中国实行改革开放。随即，传播学作为一门外来学科被引进中国大陆。① 张健康从中国出版的专著和译著出发，做出了更清晰的时间界定。他提出，1981年中国对外翻译出版公司出版的《多种声音，一个世界》是我国最早的相关译著，1983年《传播学简介》和《传播媒介的垄断》的出版是对1982年施拉姆访华、1982年冬我国第一次传播学会议召开的积极回应。② 不难看出，传播学引进与国门开放直接相关；传播学兴起，与施拉姆的中国之行难说没有关系。

及至今天，传播学研究如火如荼，因为移植和嫁接了大量新闻学科的理论，其内涵和外延不断丰富，从架势上似乎有"碾压"新闻学的趋势。

从新闻报道策划角度看，传播学将新闻报道实践活动从内容制作的狭窄胡同中解放出来，开始强化从传者到受者的全域性观照。新闻报道策划覆盖传播媒介选择、传播过程设计、传播议程设置、传播效果实现与评估等从新闻生产到营销的整个流程，传播学理论极大改善了新闻报道策划的理论营养源，在策划全程都有充分介入窗口和表现机会。董璐从传播类型、传播模式、传播者、传播方式、传播材料和内容、受众、传播效果、传播流派等角度，为我们系统梳理了传播学的相关核心理论。③ 被誉为"传播学之父"的施拉姆在《传播学概

---

① 王怡红：《历程与趋势：改革开放以来的中国传播学》//中国社会科学院：《改革开放 繁荣发展》，社会科学文献出版社2009年版，第217页。

② 张健康：《传播学在中国引进、发展与创新》，徐州大学学报(哲学社会科学版)2003年4月，第56页。

③ 董璐：《传播学核心理论与概念》，北京大学出版社2008年版，第59页。

论》中，从传播过程、传播符号、传播路径、传播媒介、传播效果等方面详细阐述了传播学的理论内涵。①

结合具体运用，传播学中的大量理论尤其是知识沟假说、社会责任理论、把关理论、教养理论、议程设置理论、创新与扩散理论、使用与满足理论、预防接种理论、媒介理论、框架理论等核心理论，在新闻报道策划中不仅能提供极强的理论支撑，而且对具体实践具有启发性、针对性和指导性价值。

以追求传播效果的“议程设置”理论为例。议程设置是媒体通过有选择地报道新闻，把社会注意力引导到特定的方向。就像这一理论的正式提出者唐纳德·肖和麦克斯韦尔·麦克姆斯所发现的那样，大众传播虽不能决定社会具体看法，但可以信息选择和议程安排影响大众认知、态度和行动。议程设置的作用客体是受众的注意力。那么如何才能使媒介设置的议题对受众有足够的吸引力，影响“头脑中的图像”呢？这就需要新闻媒体在选题、报道时讲求一定的技巧和策略，即要进行有效的新闻报道策划。新闻报道策划是实现议题设置的方式，在新闻的生产环节，新闻报道策划可以从专业的角度选择或调整某些议题甚至整个框架的构造，并通过选择有效的传播方式、报道形式和发布时间，更好地聚合目标受众，提高传播效果。正如罗以澄等学者提出的，新闻报道策划和舆论引导是议程设置的上下游，大众媒介从新闻报道策划开始，经过议程设置，达到引导舆论的传播效果，完成一次媒介影响周期。

3. 新闻报道策划与文化创意

英国著名创意文化产业研究专家霍金斯指出，创意并不被艺术家所垄断，任何人(科学家、商人甚至是经济学家)都可以有创意，其代表作《创意经济》(*The Creative Economy*)享誉全球，霍金斯本人也被誉为“世界创意产业之父”。在霍金斯看来，创意经济依赖于人的一些创意、想法，这个过程非常艰难。新闻业界有人将新闻报道策划提升到“灵魂”的地位，侧面体现了新闻报道策划的智慧含量和技术难度。

曾担任新墨西哥大学传播学与新闻学系系主任的 E. M. 罗杰斯从创新视角赋予新科技传播新的意义，也为从理论上解读新闻报道策划提供了新的灵感。他于 1962 年出版的《创新的扩散》(*Diffusion of Innovations*)被称为新科技传

① [美]威尔伯·施拉姆、威廉·波特：《传播学概论》，何道宽，译. 中国人民大学出版社 2010 年版，第 3 页。

播研究的奠基之作。在罗杰斯看来，创新是一种被个人或其他采用单位视为新颖的观念、实践或事物，而创新扩散是一种基本社会过程，在这个过程中，主观感受到的关于某个新语义的信息被传播，通过一个社会构建过程，创新的意义逐渐显现。罗杰斯将这个过程描述为四个基本方面：知晓、劝服、决策、证实。新闻报道策划的结果，是为了追求最佳传播效果，但其完成过程恰好充满了对创新充分扩散的期待。

头脑风暴法创始人亚历克斯·奥斯本给予新闻报道策划新的理论解读。奥斯本倡导通过找到新的和异想天开的方法来解决问题，但毫无疑问，新闻报道策划绝大多数时候是头脑风暴的结果。

“创意是通过改变事物的原有形态，使之符合时代的审美需求，并创造出有价值的活动。”北京大学文化产业研究院王齐国研究员认为，创意有五个基本原则：第一，创意与创新有关，比如由创意带来的产品创新、服务创新、成本创新等。第二，创意要有时代感，也就是说创意是与时俱进的。第三，追求新奇独特。第四，有震撼力——打动心灵的能力。第五，贡献新价值。①

综上所述，新闻报道策划实质上是一种文化创意活动，虽然并不一定出于经济目的，但这个过程不仅具有可拆解的基本运行线路，而且具有相当的专业难度系数。

三、新闻报道策划与其他学科理论关系

虽然传播学风头正劲，但无法完全取代新闻学的存在，现有传播学理论也无法覆盖新闻生产和传播的深邃与广袤。毕竟，新闻的宽度和高度不能只从字面的意义去铺展。

结合动因和目标来分析，新闻报道策划是通过议题设置来收获传播效果的“帕累托改进”过程。但在这个过程的前前后后，理论触面甚为宽广。

经济学中的信息不对称理论、边际效用理论、一般需求理论，在新闻报道策划中都随时随地会得到直接应用或间接呼应，只不过在具体操作过程中不会掷地有声地高喊采用了具体某个理论。

举个常见的新闻报道案例。

---

① https://zhuanlan.zhihu.com/p/52947607。

天气情况是每个用户最关心的刚性需求信息之一，用户需要掌握完整的预报信息来安排或调整相应活动，但获取天气变化情况的动机、接收信息的方式和获得后对信息的态度不仅存在主体差异，而且存在时间上的约束。因此，如何将预报信息有效送达用户手中，让用户及时接收对称性信息，就需要进行认真策划。中央电视台朱广权采取的讲述方式是“讲段子”，通过叙事来增强传播力。《武汉晚报》客户端则采取娓娓道来的“对比感受模式”来反映天气变化带来的影响。其间，支撑其进行策划的依据就包括上述经济学理论，信息在这个时候是一种典型的稀缺性商品。

天气预报是大众日常生活中的一般性需求，但天气情况变化无常，有的地方甚至一日三变。在信息传播高度垄断的时代，刚性信息需求不需要特别在乎传播方式，但在受众具有可选择性机会的条件下，如果长期采取同一种方式讲述天气预报，受众就会慢慢产生审美疲劳，报道的边际效用会逐步递减。

博弈论、需求层次理论、组织管理理论、行为决策理论等管理学领域的有关理论，也广泛应用于新闻报道策划之中。新闻事件中一般包含多个、多种、多层行为主体，因为与所发生的事件的关系程度不同，他们在接受记者采访时往往存在博弈心理和手段。特别是在调查性报道中的“对质环节”，多重主体的博弈会较为明显。在报道策划的议题设置上，把关人最终的决策行为是集体态度和个人意见的综合。

公共管理学外部性问题、公共选择理论等都会影响到新闻报道策划的动因、组织、实施和效果等。

心理学中的强化理论、认知理论、图式理论、角色理论等会对新闻报道策划的目标、路径和实施产生明显作用。

从跨学科视角出发，能更加有助于我们加深对“策划为魂”概念理解的深度。现代意义上的新闻报道策划所蕴含的理论，早已超出单纯新闻传播学范畴。

四、新闻报道策划理论研究的困境

长期以来，新闻报道策划被理论界视为新闻内容生产的某个环节，不仅降低了新闻报道策划的实用地位和功用，而且影响到理论界对新闻报道策划研究的旨趣。

这种偏见，导致新闻报道策划长期被划归新闻学理论研究范畴。但即便浓缩在新闻学理论研究框架内，因为新闻学理论研究的自身困顿，新闻报道策划更是无法得到有效的正视。

新闻学理论研究困境除了传播学的强势“侵入”外，媒介形态格局快速演变或是重要外部原因。自媒体繁荣以来，UGC 等生产方式风生水起，但新闻内容供应质量不升反降近年来成为共识，大家在担忧和无奈的同时，除了“只有信息没有新闻”的呐喊，却很少进行理论上的必要反思，更谈不上积极的改良行动。对于新闻报道策划的研究短缺就是这种“呐喊”的重要体现，几乎只有大众媒体仍在苦苦希望通过提升策划水平来维系高品质新闻内容的生产。

即便是在日渐萎缩的新闻学理论视野中，对于新闻报道策划的偏见迄今也没有得到完全消除。将新闻报道策划与策划新闻混淆、新闻报道策划是对新闻的干预等言论，不时出现在有限的理论研讨场合。这也从另外一个方面说明，新闻学理论研究需要破除故步自封、画地为牢的成见和呆板，否则，新闻报道策划的理论研究将随同新闻学理论一起没落。

【思考题】

1. 新闻报道策划涉及哪些传播学理论？

2. 新闻报道策划理论研究遇到哪些困境？

第四章　新闻报道策划的基本规则

杜威曾说，在一切事物中，传播是最美妙的。传播是人们共同享有事物的实现途径和推动社会进步的新生力量。

这种美妙，必须建立在真实基础上。

一、新闻真实与线索消除

1. 绝对真实的要件

新闻信息是对客观事实的真实反映，真实是新闻信息传播的客观基础，也是新闻报道策划的客观基础。新闻学中对于真实的要求，不仅包括传播过程中新闻信息的细节真实，亦要求其整体真实；既要求具象真实，又强调本质真实；既要反映现实真实，又要符合历史真实性。

因此，在新闻报道策划展开之前，信源的真实性核实是首要任务。当然，这个过程中，对于真实的要求实际上既不可能也没必要完全遵照上述标准。一般而言，我们主要强调事实真实和本质真实。

从信源角度看，真实性的确定，建立在“确有此事发生”的逻辑起点上，但并不意味着所有细节真实可靠（否则记者的价值无法得到充分体现），甚至连基本可靠都未必确保，更不意味着将来记者采访获得的信息与线索原始来源一定会保持绝对的一致性。所以，相当部分新闻报道策划起始于信息模糊状况下，对真实度不可能有百分之百的保证。

于是，在真实性方面，新闻报道策划会遇到第一道难题：面对“诱人”的信源，要不要进行采访，要不要展开策划。当信源不完整时，经验性做法是根据已经掌握的线索资料做出新闻价值判断，并围绕已知信源进行初步策划。当记者赶赴现场掌握相关信息后，再对策划方案进行修改，甚至可能直接放弃。从新闻报道逻辑角度看，相当部分策划处于动态调整过程中，也就是说策划并不一定一下子就可以一锤定音、一成不变，而是因事因势而变。对信源的核实，最可靠的途径有三条：一是政府部门。政府触角宽广，拥有完备的信息收集系统。二是事发地附近知情人士。因接近事发地故而拥有发言权，但为慎重起见，最好采取多方核实方法，尤其是突发性新闻事件更应找到两个以上独立信源进行验证。三是消息灵通人士，主要包括当地记者，公安、医院等特殊公共服务机构的工作人员。

第二道难题是如何完全真实地进行新闻报道。从某种角度讲，这可能只是一种“乌托邦式”理想。尤其在事件性新闻中，每个亲历者和讲述者对事件的还原都带有自己的主观判断、分析或猜测成分，即便是中立的第三方也可能在表达语气或者观察视角甚至叙述态度上会对记者带来影响。更何况，事件还原还需要记者做出第二次“语言过滤”。所以，所谓的绝对真实其实往往并不一定存在，但这并不意味着所报道的信息一定不可信，而是说所有的叙事和呈现有可能有缺憾。这里的缺憾并不是人为遗漏，而是客观如此。有人说新闻具有残缺美，也应该包括这层含义。

从新闻报道策划的实践流程看，新闻报道策划是新闻报道行程之前的创意性活动，所以不一定必须在满足了信息绝对真实的基础上才能开展，策划是逐步完善、不断调整的过程。越是错综复杂的新闻事件，新闻报道策划调整概率越高。当然，如果最初的信源(因为信源的来源渠道和途径不一)具有可靠性，新闻报道策划调整的幅度一般较小。但无论如何，最终呈现报道时，必须以尽可能接近绝对真实为目标，以最准确的表达还原事实和真相。

2. 线索消除是常见情况

(1)当事者或目击者对现场的“失忆”

现代直播技术得到极大改善，但居高不下的成本(无论是传统信号传送还是 WiFi 环境下的无线传递)严重制约了新闻现场的非延时性呈现。因此，截至 5G 时代之前的新闻报道，主要路径是依靠对新闻现场的“复盘”。也就是说，对新闻事件的描述，主要依赖当事者或者目击者的记忆。正常情况下，记忆可以还原基本事实内核，但并不能百分之百避免“失忆”问题。实际上，新闻报道策划执行过程中，因为客观失忆而导致的线索消除并不鲜见。一旦此种情形出现，就会对策划的效果造成严重干扰。

(2)当事者或目击者对现场的选择性屏蔽

另外一种线索消除情形，则与主观因素有关。心理学上有个沉锚理论，即人们在对某事做出判断时，易于只接受对自己有利的情况，就像沉入海底的锚一样把人们的思想固定在某处。当事者在描述情形时往往会选择对自己有利的信息，同时尽可能管控和屏蔽对自己不利的信息。目击者对于事件的描述，因为个体身份差异，以及个人情感和价值观的隐性作用，也会严重干扰客观公正性。从这个角度出发也就不难理解为何调查性报道追求多点支撑以保证信源的真实性和可靠性。

(3)利益关联者对线索的封锁、隐藏或人为消除

第三种是较极端的情形，但并不罕见，即利益关联者人为对线索采取封锁、隐藏、转移甚至消除手段。这里的利益关联者指称范畴比较广泛，不仅包括直接当事人、间接当事人、利益关系人，甚至包括机构和组织。其效果可能有助于避免一些事件快速演绎为社会热点，改变传播速率，但埋藏的隐患终究不会完全消除。个别时候，因为人为的过度干预或者误判，反而可能激化矛盾。2008 年，湖北省宜昌市下属某市市长上班途中发生一起车祸，将一位小孩撞死。事件本身并不复杂，属于典型的常规交通事故。因肇事者身份较为特殊，地方管理部门迅速采取了信息管控和传播干预措施。虽然当时平息了这一事端，相关报道未能及时刊发，但几个月后，此事被再次挖掘出来，不仅引起网民“官官相护”的口诛，而且为报道策划提供了更充分空间。最后，这位市长被迫转岗离职。如果事发时客观公正地报道了此事，后面有关媒体的报道策划其实很难展开。

(4)记者对线索的非完整性记录

记录是记者笔力的重要构成，但在记录过程中，虽然不太可能遗漏重要信息点，但也不大可能记录下每个人说的每句话，发生“非完整性记录”的概率较高。因为记录残缺而导致线索消除的情况虽然较少，但也无法完全杜绝。

3. 产品视角下的新闻报道及其特殊性

新闻报道是媒体生产的产品，具有一般产品的基本属性和特征。但作为产品概念的新闻报道与一般形态的产品具有一个明显的差异，即产品真伪的控制。

就一般产品尤其是工业品生产而言，其是否存在使用假冒伪劣原材料、偷工减料、偷梁换柱、缺斤少两等问题，生产者心知肚明。相当多情况下，不仅心里一清二楚，而且还是制假的重要共谋。

作为产品的新闻报道，在专业组织里，基于把关程序的严谨性和规范性，

这种人为故意造假的举动得到有效平抑。但在以UGC为信息供应主体模式的新兴传播平台上，“滤镜作用”弱化，导致不同面目的虚假新闻(譬如反转新闻、捕风捉影的八卦新闻、炮制新闻等)防不胜防。其中，部分是人为主观制造的虚假新闻，生产者参与或主导了造假过程，与一般产品的生产差别不大，即生产者知晓新闻不具真实性。与此同时，另外一部分新闻产品的供给者虽然没有造假的主观动机和意愿，却将原本虚假的新闻信源当做真实的素材而进行生产加工和广泛传播，出现主观无意识生产虚假新闻的客观事实。采用媒介素养等理论来解释这一现象有些勉强，从互联网时代新闻产品相较其他产品而言其生产主体多元化和复杂化来归因似乎更有说服力。

二、新闻客观性与策划主体性

新闻事实不管有没有被发现，其实一直在那儿；新闻事实不管如何发掘，必须建立在客观性基础之上。但从新闻报道策划主体性来看，往往会产生“真实性运用差异”。复杂的是，这种差异经常建立在彼此都认为是客观真实的前提下。这种差异产生的原因，与策划人尤其是把关人的价值观念、思维方式和道德标准有关。2013年10月，湖北武汉发生了一起热点事件，两家媒体围绕这个事件进行的策划报道出现明显分歧，充分显现了策划主体性差异引致的不同结果。

先看一下A媒体的首篇报道：

> 昨晚7时(作者注：10月7日)，北风劲吹，汉口解放大道营房路路口，曾丹拿着500份传单，一张张发给路人，一次次向人们解释。她表情焦急，只希望能早点找到那个摩的司机。10月5日下午4时40分许，她的父亲酒后带着装有40万元现金的黑色布袋搭乘摩的，下车时却忘了拿袋子。
>
> 曾丹介绍，这笔钱是父亲和几个朋友一起做生意的货款，丢失巨款后，父亲情绪低落，自责不已。两天来，家人四处寻找，却一无所获。“大过节的，那个摩的司机还出来跑车，肯定也不容易，希望他能把钱还回来，我们一定会重谢他，不会追究任何责任。”曾丹表示。
>
> 根据警方调取的监控录像，摩的司机特征明显，骑着一辆红色电动

车，戴着白色头盔，穿蓝色上衣，白色裤子，白色球鞋，年龄大约40岁，操汉川口音。警方目前正在全力帮助寻找这笔巨款。

忘了拿装有40万的布袋

曾丹的父亲曾爹爹今年61岁，住在汉口利济北路轻轨站旁一小区。多年来，他与3个朋友一起经营副食批发。

10月5日下午，曾爹爹前往解放大道营房村，与1名合伙人见面拿款项。国庆期间，生意较好，他们4人凑了40万元货款，准备再来进货。

在朋友家喝完酒后，朋友将一个黑色布袋给了曾爹爹。这40万元钱，都是100元现金，5万一沓，共有8沓，装完钱后，曾爹爹就这样一手提着布袋，一手拿着一瓶饮料出了门。

转眼已是下午4时，等了半天也拦不到的士，看到营房路路口停了很多摩的，曾爹爹搭乘其中一辆红色摩的回家。

到小区门口时，曾爹爹觉得头昏得厉害，便要求摩的司机将其直接送至楼下，摩的司机提着布袋，扶着他到楼梯口后才离去。走进电梯后，曾爹爹发现布袋忘了拿，立即飞奔出去，可摩的司机已经不见人影。

这么大一笔现金为何不随身携带？

曾爹爹说，他当时坐在摩的后面，司机看他双手都提着东西，表情难受，好心地说，“您把袋子放前面挂着吧”，他递过布袋后，司机顺手将布袋挂到了摩托车脚踏板上方的挂钩处。

家属打印500张传单发放

事发后，曾丹整日奔波在家里与派出所之间。

她调阅了所住小区的监控录像发现，摩的司机送曾爹爹进入楼栋后，提着黑色布袋一路低头快速离去，其间未作任何停留。

事发至今，她已多次前往父亲搭乘摩的处——汉口解放大道营房路路口，希望能找到那名摩托车司机，未果。

昨晚7时许，记者与曾丹一起来到营房路口，她专门带来了刚打印出的500张寻人寻物启事。路边停有10多辆摩的，曾丹抱着一堆传单，看到一名摩的司机便上前发放，并详细介绍询问。

不少摩的司机表示，他们已知晓此事，听说那名司机常年在该路段拉客，还有一名老爹爹认识那名司机，不过不清楚他住在哪里。

家属最高悬赏10万感谢

昨日，记者从警方提供的监控录像上看到，该摩的司机40岁左右，上身穿着蓝色牛仔服，下身穿白色裤子和一双白色鞋子，戴着白色头盔，骑着一辆红色电动车，车左前方塑料处有破损，车头设有银色保险杠，车后座是黑色的。“父亲身体本就不好，还有心脏病，我真的很担心他。”曾丹介绍，这些钱是父亲和其他3个朋友凑份子的货款，都是老人们多年攒下来的辛苦钱，丢失了这笔款项后，父亲很是伤心，连日来闷闷不乐，躺在床上唉声叹气。

曾丹说，父亲操劳了一辈子，“他今年都61岁了，还在忙碌着，一直想着把我嫁出去，给我多准备点嫁妆，如今却发生这样的事”。

她希望当事摩的司机看到消息后，能够良心发现，主动送还钱款，她将不会追究任何责任，并给予5万~10万元的现金奖励。

（原载《楚天都市报》2013年10月8日，作者为林永俊、徐剑桥。）

B媒体和其他媒体的首日报道，与上述报道在基本事实上没有太大差异。从两家媒体报道可以找到这则新闻的基本事实内核：一位乘客丢失了一个装有40万巨款的布袋，所乘摩托车司机具有重大拿走嫌疑，包括警方在内的多种力量在寻找这位司机，失主承诺重奖提供线索者。

面对警方威慑和舆论压力（从媒体报道的细节中可以清晰发现根据），摩托车司机最终在A媒体的引导下携巨款返还，除了免除法律责任，还获得了失主的奖励。本来这件事可以告一段落，但因摩托车司机向警方“自首”时处于A媒体绝对“控盘”之下，其他媒体无从获知相关信息，导致其他媒体报道线索消除，无从把握事件的客观性，只好另辟蹊径。很快，B媒体发现摩托车司机向警方交代的个人关键信息严重失真，通过详实调查后质疑这位司机的道德品质。A媒体则强调摩托车司机是在其报道影响下选择了“自首”而坚持强调这位司机不仅可以被原谅，甚至还是值得肯定的社会对象。

于是，两家主流大众媒体分别组织了系列报道，展开针锋相对的观点“对决”。笔者无意判断哪家媒体报道策划水平高低，只想表明即便同一起新闻事件，不同策划主体在价值观念、道德标准等方面的差异会影响到策划方向和报道走向。

三、新闻价值最大化与判断分歧

新闻报道策划强调围绕新闻内在的价值最大化，但往往一起新闻事件蕴含着多重价值，哪一个点最具价值，也会因不同背景、不同时空和不同主体而出现判断分歧。新闻价值判断具有一定的主观性色彩和个体性差异，但在普世原则作用下，并非完全没有客观标准。

1. 影响到的人口规模是首要考量因素

正常情况下，从宏观视角而言，事件所覆盖的人口规模、地域范围、影响程度、持续长度是判断新闻价值的可量化指标。其中，对人的影响不言而喻应排在首位，空间范围和影响程度紧随其后。当然，这种排序具有典型动态性特征，随着事件演变会不断调整。但在新闻报道策划过程中，即便事件没有突变，因为媒体自身定位差异和受众结构分布差异，各个媒体在判断时指标排序会出现不同。

1998 年，长江中下游发生了百年一遇的大洪水。沿江省市媒体在当年春末夏初就将防汛报道作为头等大事，但中央媒体一直到黄河、黑龙江等江河出现了超强汛情后，才将防汛报道作为重点报道内容，原因即在此。

另一个案例则说明新闻价值大小具有动态性。自 2008 年 1 月 3 日起，我国南方发生了大范围低温、雨雪、冰冻等自然灾害。上海、江苏、浙江、安徽、江西、河南、湖北、湖南、广东、广西、重庆、四川、贵州、云南、陕西、甘肃、青海、宁夏、新疆等 20 个省(市、自治区)均不同程度受到低温、雨雪、冰冻灾害影响。截至当年 2 月 24 日，因灾死亡 129 人，失踪 4 人，紧急转移安置 166 万人；农作物受灾面积 1. 78 亿亩，成灾 8764 万亩，绝收 2536 万亩；倒塌房屋 48. 5 万间，损坏房屋 168. 6 万间；因灾直接经济损失 1516. 5 亿元人民币；森林受损面积近 2. 79 亿亩，3 万只国家重点保护野生动物在雪灾中冻死或冻伤；受灾人口已超过 1 亿。这就是著名的“南方雪灾”事件。其实，事件伊始，不少媒体按照平常思维，以简单的一场雪，甚至以“趣味性”作为策划的主要基调。但当这场雪演化为灾难时，其新闻价值和新闻报道策划点便快速发生了变化。

2. 新闻价值最大化判断主要影响因素

一是信息的对称性是否充分。在信息正态分布情形下，专业判断水准差异并不明显。但在对信息可能产生影响的预见性上，不同策划者往往具有差距，同一策划者的水平也不一定稳定，往往受制于知识体系、个人直觉、专业经验。当然，外部干涉程度也是不可或缺的原因。

二是角色和站位差异。尤其涉及政治传播领域，很容易因为媒体角色和站位不同而出现人为判断分野。比如，一起突发性爆炸事件，有的媒体侧重于挖掘灾难中的“暖色”和“人性光芒”，有的媒体更在乎造成的伤害，有的媒体则选择事件掩藏的黑暗和悲凉。新闻报道策划中的角度选择和议题筛选差异，其实无关媒体功能，更多与媒体角色和媒介环境相关。从这点延伸，也可以得知“两个舆论场”产生的缘由。

三是基于个体认识水平的差异。尤其是在互联网条件下，基于“关系”为纽带的价值判断，会产生“集体判断分裂”，从而导致新闻价值发掘失准。不仅每个传者与信息的距离有差异，而且在距离结构性上也完全不同，特别是策划方案的最终决定者与信息的“关系距离”往往决定了新闻报道策划的走向。

3. 新闻价值最大化判断的一般标准

新闻价值内含主观因素作用，最大化也不一定会有标准化共识，往往需要从受众的反应中获得检验。严格来说，每条新闻的价值最大化都可能产生认识和判断分歧，但通过分析既有案例，仍然可以找到验证新闻价值最大化的相对标准，并且可以实行简单的量化。

四、新闻报道策划创新与实施边界

1. 对策划创新的理解

新闻报道策划强调创新性，但何为创新？对于可能反复出现的同类新闻而言，能够激发那么多创新么？这个有趣的问题恰恰也是新闻的魅力和新闻报道策划的挑战之所在。

对创新概念的认识加深，与在中国声名日隆的熊彼特有极大关系。这位美籍奥地利政治经济学家在其名著《经济发展理论》(1911 年出版)一书中提出了著名的创新理论，强调生产技术革新和生产方法变革在经济发展过程中至高无上的作用。

熊彼特认为企业家的本质是创新，这句话用在新闻报道策划方面同样适用，可以说，策划者的本质就是创新。熊彼特强调的创新包括五个方面：产品创新、工艺创新、市场创新、资源配置创新、组织创新。

新闻报道策划所主张的创新，继承了熊氏关于创新的灵魂，但因为新闻作品即为产品、市场相对固定、组织也不可能变更等特性，所以不能生搬硬套熊氏创新理论。结合新闻报道策划的特点，其创新主要包括以下几个方面：

一是角度创新。也就是在立意上，明显胜人一筹。一般来说，角度创新主要体现为是否站得足够高、看得足够深、想得足够全，尤其是在空间的运用上是否灵活自如。知名新闻摄影人、中国青年报记者贺延光拍摄的署名《两党一小步，民族一大步》的图片，抓住胡锦涛总书记与时任中国台湾地区国民党领导人连战伸手相握的瞬间，两党最高领导人在时隔 60 年后第一次会见，画面感强，细节生动，并获得第十六届中国新闻奖一等奖，其关键在于角度创新。

在拍摄之前，贺延光的脑海中就拥有了一个精心设计的“空间构图”，即：时隔 60 年后，国共两党领导人再次会晤，不是在特殊地理空间中的简单“握手存照”，而是这件事本身就建构了一个“历史空间”。因此，拍摄前贺延光主动要三脚架的举动，实际上就是为完成“角度”而做出的准备。这种高屋建瓴的立意源于贺延光对整体新闻事件的全面认识和深刻理解。

二是切口创新。新闻报道视角有两种经典路径：以小见大和以大见小。两种路径殊途同归，都是想说明大主题、小切口，但在适用对象上大相径庭，操作方法上也迥然不同。前者往往通过微观具象的入口慢慢导入，逐步提升，最后点出主题，完成见微知著；后者往往直接标示宏大主题，但选择与大众关联度较高的内容，去掉或淡化宏观抽象的概念，寻找目之所及的具体事例来进行落地解读或印证。

三是议题创新。即在资料等同前提下，能发掘新闻事实中蕴含的不易觉察或易被忽视的有意思的议题，或者从信息中提炼出不同他人的议题。新闻事件越大，可供选择的议题越丰富，实际情形往往难以做到报道面面俱到，如果能够挑选出与众不同的议题便是一种创新。当然，所确定的议题应具有相应传播热度。如果单纯追求别出心裁而忽视话题传播性，这样的议题创新不能称为成功。

四是叙事创新。从叙事学角度看，所有的表达都是叙事。叙事创新更多时候体现为语言风格和言语特征独具匠心。换言之，通过表达技术创新，生产出更具文化价值的新闻作品。

五是形式创新。主要是通过现代编排工艺、传播技术和工具，改变外部“包装”，以“外在美”吸收注意力。

2. 策划创新实施边界

(1)过度策划。新闻价值大小内涵于新闻事实之中，从关系维度出发虽然可以搜寻到无数关联节点，可以设置大量议题，但每个新闻事实内附的价值意义是有限的。常规范式是将新闻事实所涉及的议题进行圈层划分，一般会选择关联度较高的紧密层议题展开，充其量延伸到次紧密层，以防止策划的过度。

(2)强行策划。新闻信息价值存在具有客观性，主观性介入必须尊重客观性。当一条信息不具备进行议题聚焦并扩散的话，就意味着策划的价值度不高。事实上，大量信息只是一种“告知式资讯”，不必进行放大或扩散。俗话说，不要在麻袋上绣花，挪用在新闻报道策划上，指的是新闻报道策划需因事而起亦需因事而异，不可强行为之。

(3)新闻报道策划与干预新闻走向。这是个相当复杂的问题，需要结合具体问题进行具体分析。从理论上问题容易厘清，但实践中难以把握。毫无疑问，新闻报道策划会对新闻走向发挥影响，可能是正面的，也可能是负面或中性的，不同的判断主体会有不同的态度，得出不同的结论。结合新闻生产专业性而言，不偏离事件自身内在规律、不脱离事件主流和事物本质应为新闻报道策划的内心边线。

【思考题】

1. 如何理解新闻报道策划真实性原则？

2. 新闻报道策划创新主要包括哪些方面？

第五章　新闻报道策划的逻辑起点
——新闻价值判断

一、新闻价值涵义

1. 新闻价值由来

新闻价值作为概念早在19世纪30年代便得到美国新闻实务界的重视。但直到20世纪初，美国和日本的新闻学者才将新闻事实选择标准统一到新闻价值概念上。1903年出版的《实用新闻学》是美国最早的新闻学专著，作者休曼在书中提出："新闻必是以动社会全体之兴趣者，当注意新闻价值。"蜚声世界的J. 普利策要求记者采访"与众不同的、有特色的、戏剧性的、浪漫的、动人心魄的、独一无二的、奇妙的、幽默的、别出心裁的"新闻，认为符合上述要求的，是有价值的新闻。到20世纪20年代，美国和日本的新闻学著作对新闻价值已有较完整的论述。

1922年美国新闻评论家和作家李普曼在《舆论学》中正式提出"新闻价值"一词。在李普曼看来，新闻价值是指事变、惊奇、地理上的接近性、个人的影响和冲突。

李普曼的新闻价值认识与大部分西方学者的界定大同小异。比如，庞德认为新闻价值要素是时效、距离、事件的大小、重要性，强调读者的兴趣是新闻价值的试金石，读者的兴趣要素包括：利害关系、金钱、性、斗争、奇突、英雄崇拜、关怀、人情味、影响大的事件、竞赛和犯罪。希伯特和麦克道格尔则认为新闻价值的要素是及时性、接近性、显著性、重要性、人情味。读者兴趣是个人关心的同情、反常、进步、斗争、悬宕、两性关系与年纪、动物。此外，20世纪30年代，美国学者华连提出了新闻价值十要素说。

徐宝璜在中国第一次较为系统地介绍和论述了新闻价值问题。众所周知，徐氏在美国密苏里大学受过系统新闻学教育。1919 年 12 月在由北京大学新闻学研究会出版的我国首部新闻学著作《新闻学》中，徐宝璜提出新闻价值包括事实的重要性、公众的关注性、传播的及时性、地理的接近性。

作为《京报》创始人之一，著名报人邵飘萍也从日本新闻学书籍中引入了新闻价值概念，1923 年出版的《实际应用新闻学》是我国第一本论述新闻采访的学术专著，首次把兴趣要素列入新闻价值构成系列。有趣的是，徐宝璜为这本书作了序。与邵飘萍齐名的同时代新闻人任白涛干脆将新闻价值的基本条件设定为新鲜、及时和真实。两位都是我国新闻学尤其是应用新闻学的奠基者。

2. 新闻价值内核

及至当代，学者们对新闻价值定义依然保持着些许差别，至少表现为不同的表述侧重。比如，杨保军从价值观念入手，认为新闻价值观念是新闻观念的核心部分，它决定着新闻传播的目标追求和理想境界，新闻价值在其现实性上指的是新闻文本对于广大人民群众的作用和影响。陈力丹认为，新闻价值对接受者来说是对新近发生的事实的一种价值判断，即一种特殊的即时性信息效用。

本书将我国学者对新闻价值的定义归纳为三种流派：素质说、功能说和标准说。

素质说以复旦大学为代表，李良荣认为新闻价值是事实本身所包含的引起社会大众共同兴趣的素质；童兵表示，所谓新闻价值是指新闻事实满足社会需要的特殊要素的综合。

功能说强调新闻必须能满足读者需要。刘建明在全面考察了新闻价值理论的来龙去脉之后，提出了“现代新闻价值”的说法。他认为现代新闻价值理论应当回归价值的本义，体现对受众的有用性，对其内涵的阐述在哲理上应符合认识逻辑。所谓现代新闻价值，是指受众在接受新闻活动中满足其需要所表现出的效用，有用、有益、有效是新闻价值的三个要素。在刘建明看来，新闻价值是满足受者和社会需要的若干因素的总和。

标准说则将“标准范畴”覆盖到传者和受者。郑保卫认为，新闻价值是新近事实或相应作品所含新闻构成要素的综合，是传播者选择事实和接收者选择新闻的客观标准。余家宏认为新闻价值是选择和衡量新闻事实的客观标准，即事实本身所具有的足以构成新闻的种种特殊素质的总和。素质的级数越高，价值就越大。

三种流派间实际上存在内核上的高度重叠，将三者统一起来会发现，所谓新闻价值指新闻事实必须具有能吸引注意力的基本素质、能满足受众相应层次的需求、超过一般信息所内含的质量标准。这是新闻价值的基本内核。

二、新闻价值的重要性

新闻价值是新闻具有传播意义的逻辑起点，也是新闻实务的逻辑起点，新闻价值判断力和发现力是衡量新闻工作者业务能力的最基础、最重要标准。

1. 新闻价值体现了新闻事实所包含的“价值分量”

大千世界，世事万象，分分秒秒，层出不穷，什么样的事实具有新闻性，什么样的事实具有较强的新闻性，什么样的事实具有重大新闻性，在于事实内在的“价值分量”。新闻业界有句行话说，“不要在麻袋上绣花”，指的便是一旦成为报道对象，就说明所报道的事实应该具有对应的价值，而对无对应价值的事实不必耗费不必要的精力。换作另外一种解释，就是说并非所有的事实都具有新闻价值，每条新闻所包含的价值具有大小之分。因此，新闻价值即是新闻报道客体的生命意义。

2. 新闻价值判断和发掘是新闻生产的核心环节

不管有没有被发现或者被发掘，新闻价值是客观存在的。发现和发掘这种价值的过程，就是新闻的意义兑现过程，也是新闻生产的核心过程。新闻价值没被发现或者发掘不充分，意味着报道议题设置失败，也意味着对新闻资源的浪费。

(1)新闻生产过程就是围绕新闻核心价值具体展开报道的过程。新闻事件往往包含着丰富的价值面向和议程选择，在有限的时间和空间内，难以做到面面俱到。同时，新闻本身所受关注程度往往会随着时间递减，喜新厌旧既是新闻生产者也是新闻消费者共同的社会心理。因此，在有限的时空内快速挖掘新闻事件的核心价值，自然成为内容生产的重中之重。

(2)新闻价值判断是整个新闻生产的活力之源和动力之本。价值判断准确，可去伪存真、去繁就简，直达中心；价值判断失误，风马牛不相及，或南辕北辙或离题万里或隔靴搔痒，最终必然导致报道效果不佳。

3. 新闻价值判断能力和发掘能力是检验新闻专业化水准的最重要指标

新闻价值判断能力是衡量媒体采编实力最重要的测度。进入互联网时代，独家新闻日益困难，媒体比拼进入“独到”层面。在信源共享、基本信息近似的新情势下，媒体报道水平的差异首先表现为对新闻线索价值的判断差距。受众经常吐槽媒体报道同质化现象严重，其背后实质上与各家媒体对相关信息的价值判断一致有关。与此同时，同样一条信息，不同媒体对其价值做出不同解读或角度和力度完全不同的报道也并不鲜见。这种差异性最终反映的是媒体的实力差距。

新闻价值判断能力和发掘能力是检验新闻从业者业务素养最基本的度量衡。《经济日报》原总编辑艾丰在其著作《新闻采访概论》中指出：“有经验的新闻记者就像那些老狐狸在寻找食物。当他们发现一块可以吃的东西的时候，并不是不顾一切地猛扑过去，而是围着食物转来转去，直到一切疑团都解除了，它才放心地享受这顿美餐。”

三、新闻价值要素

新闻价值要素是指新闻事实自身具备传播价值的主要因素，也叫新闻价值标准，它是新闻传播者对新闻事件进行选择的主要依据。传统观点认为，新闻价值构成要素包括真实性、新鲜性、重要性、接近性、显著性和趣味性；各要素之间的关系不是并列均等，真实是新闻的生命和前提，永远位列第一，并包含于其他各个要素之中；当各要素都很丰富都很明显时，这个新闻的新闻价值才大。

上述界定基本概括了新闻价值要素的主要原则和运用规则，应该说，比较符合大众传播时代的新闻生产和传播特征。进入以互动为关键特征的互联网时代，上述传统观点受到新的冲击，其中，最重要的挑战是各个要素的排序调整。在此，我们进行详细分析。

1. 真实性

在第四章中，曾谈及新闻真实性问题。新闻的真实实际上包含两个层次：一是事件真实，属于名词概念，即确实真的发生了相关具有新闻性的事件。我们常讲的新闻真实，主要是指名词范畴的真实，它是一个抽象的名词或事件。二是呈现真实，属于动词概念，即用新闻形式真实地再现已经发生的事实。这个还原过程不可能存在绝对的真实，因为任何再现符号都可能发生异化。所以，这里所讲的真实，是指最大努力准确呈现曾经发生的事件，其中，核心元素不能有丝毫差错。换言之，是对准确度的极致追求。

在此再次提及这个问题，主要是想强调下述看法：第一，真实性是新闻的生命，亦是新闻价值的生命，离开了它，所有的创意都是无稽之谈。第二，在任何时候、任何背景、任何空间中，真实性作为新闻第一性的位置都不能有丝毫动摇，都不可能有任何变动。第三，任何媒体都不能以无法实现绝对真实呈现为借口，放松对新闻真实性的追求和努力，更不能由此去歪曲或篡改事件真实。近年来，一些人认为后真相时代新闻价值标准发生了流变，但不管如何变，真实性作为新闻价值的首要属性和基本要素永远不会改变。

2. 新鲜性

所谓新闻，其“新”主要指的是新鲜性，即在时间范畴的新鲜度。新鲜性包含时效性和鲜活性。时效性主要侧重报道主体介入报道的时间限度，强调报道需要体现及时、迅速、快捷等基本要求，以及选择适合的报道时机以获取应有的社会效果。有人将其归纳为时新性和时宜性的统一，主要反映报道主体对新闻事实的响应速度。鲜活性侧重于对新闻事件动态性和延续性的关注。事件性新闻的鲜活性随着事件动态变化而变化，一般而言，时间持续较长的事件性新闻，往往容易引起社会持续关注。

在具体实践过程中，时新性是各家媒体竞相争夺的焦点。谁最先拿到新闻事实，往往意味着掌握报道的先导机会和形成独家报道的可能性。中外历史上曾发生大量新闻记者争抢首发权的趣闻轶事。

1945年8月15日，日本军国主义宣布无条件投降。9月2日上午9时，东京湾内“密苏里”号战舰上，日本全权代表梅津美治郎签署日本向盟军投降书。参加这个签字仪式的除了盟军和有关国家的代表外，还有5家通讯社即美联社、合众社、国际新闻社、路透社和中国中央通讯社的记者。中国中央通讯社的记者是曾安波，他是一位年轻的香港记者。当时记者们被分别集中在舰艏和炮塔上，等候记录这一重要历史性场面。

为争先将这一振奋人心的消息报道出去，9 时 15 分签字仪式刚一结束，各大通讯社记者立刻蜂拥到“密苏里”号战舰上的电报室，竞相争取在第一时间将日本正式签字投降的消息向全世界发布。由于军舰上仅留有一架作为新闻报道用的无线电台，谁有权第一个使用这架电台来发出这个激动人心的消息立刻成为记者们激烈争论的问题。最后在美国军事新闻官员的调解下，记者和新闻官共同拿出了一个最为公平的抽签解决办法：把一顶军帽倒置在桌上，将写有 1~5 号的纸团卷紧放在帽中，每位记者随机抽出一张，谁获得了第一号，谁就有权在第一时间内向本国的通讯社发出日本签字投降消息的电码。于是，五大通讯社的记者们一一按规定抽取了纸团。结果，作为中国通讯社记者的曾安波在摊开自己的纸团时，惊喜地看到一个醒目的符号“1”。于是，他立刻像发狂似的拿着消息电文冲进电报室，第一时间将日本正式签字投降这一轰动世界的消息发向设在重庆的中国中央通讯社总部，成为向全世界报道日本正式签字投降消息的第一人。①

新鲜性的尺度并非一成不变，随着媒介技术快速发展，新闻呈现新鲜性的速度越来越快。比如，在印刷品主宰的媒介时代，检验新闻是否及时的计量单位以天(24 小时)来衡量，多以“事不过夜”作为行业操作准则。广播电视普及后，进化到以小时(60 分钟)来衡量。到了互联网时代，则以分秒为竞争基本单位。进入 5G 时代，如果直播成为新闻报道的常态方式，无延时性将成为新闻保持新鲜性的革命性标志。

3. 重要性

所谓重要性是指新闻事件与整个社会生活、大众切身利益的关系强度，是新闻价值社会性的重要体现。

这里会出现一个值得深入探讨的话题，即不同主体对重要性的判断差异。有些新闻对部分群体、部分区域或部分行业来说，可能价值重大，但对其他群体、区域或行业来说并无太大影响。换言之，重要性是否因主体差异而出现标准不一？

① 佚名：《中国记者第一个报道日本正式签字投降消息》，《中国国防报》2005 年 9 月 6 日。

这是毋庸回避的现实问题。比如，天气预报是所有群体都关心的生活资讯，但人们在判断气象台提供的预报信息是否重要时，判断的主要标准是两个：一是气象条件是否发生了明显变化；二是与自己有多大关系。再比如，即便是面对同样的气象信息，准备出差远行的人和待在家里的人，对其重要性的认识也会出现明显偏差。所以，重要性往往随主体不同而不同。

从大众传播视角而言，媒体判断新闻的重要性，主要看事情对社会的影响大小。当然，这里的社会实际上是综合而模糊的概念，大小也往往表现为社会空间内含的边界之内。

4. 显著性

新闻价值中的显著性指新闻事实引人注目，表现为所涉及的人物、地点、时间、事件超越普通范畴，与社会紧密相连。因此，显著性往往与公众人物、影响力大的国家或地区、社会关注度较高的行业或单位、不太常见的事件关联在一起，与知名度紧密挂钩。

2001 年 9 月 11 日发生在美国纽约世界贸易中心的系列恐怖袭击事件，瞬间震惊中外。从显著性角度看，这起事件的新闻价值至少包括以下层面：第一，这是迄今为止发生在美国本土的最为严重的恐怖袭击行动，直接影响到美国发展战略和全球政治走势。第二，袭击所采取的方式前所未有，出人意料。第三，袭击所精选的目标均为美国代表性建筑或权力象征地，具有特别用意。第四，袭击造成人员大量伤亡和财产重大损失。

所以，当袭击事件发生后，全球主要新闻媒体立即停止其他新闻报道，不间断直播事件动态进展。

关于显著性，新闻业界流传着一组公式：名人+寻常事=新闻；普通人+不寻常事=新闻；名人+不寻常事=大新闻，虽然未必绝对准确，却较形象地表明了显著性在新闻价值中的作用。

5. 趣味性

趣味性源于西方新闻界。美国人 B. 哈里斯在 1690 年创办的《国内外公共事件报》，就注重以报道形形色色的有趣事件吸引读者。但在一段时期内，我们对新闻趣味性的认识不仅保守而且有些走样。究其原因，与西方一些媒体为博取眼球而采取一些不择手段甚至有违传播伦理的做法不无关系。西方新闻界早期公开标榜趣味性理念，无视趣味的品质和层次，色情、暴力、猎奇、刺激等方面的新闻泛滥，导致人们将趣味性与低级庸俗、荒诞离奇画上了等号。譬如，19 世纪 30 年代美国兴起的一批“便士报”，就以各种奇闻轶事，甚至色情凶杀等新闻招徕读者，以致逐渐形成对趣味性的误解。

严格地说，新闻的趣味性是指新闻在内容或表达方式上所具有的为人们所喜闻乐见的特性，不是猎奇的代名词。恰恰相反，它指称的是内容新颖奇特饶有情趣，呈现形式生动活泼富有韵味。所以，真正意义上的趣味性体现的是可读性和新颖性，是对社会正常娱乐权的满足。

是否具有趣味性不同受众往往给予不同的答案，即便是同一受众在不同的时空情境下答案也未必一致。

6. 接近性

2008 年以来，我国宣传思想战线把“三贴近”(贴近实际、贴近生活、贴近群众)作为新闻宣传工作中应遵循的指导思想和基本原则，通过开展“走转改”(走基层、转作风、改文风)活动，丰富广大新闻工作者马克思主义新闻观。

这项实践活动的动因之一，是因为一些媒体在新闻报道上存在形式主义，远离了群众、远离了生活、远离了市场，在不知不觉中背离了大众传媒的本来意义。所谓远离，实质上就是忽视甚至无视新闻应有的内在接近性。

新闻价值判断存在主体差异，最根本的原因是不同主体与新闻事实之间的“距离非对等”。我们每个人都生活在一种关系模型里面，最大的关系是跟自己的关系。所有主体都会首先关心与自己有关的信息，或者说对一条信息最本能、最直接的反应是是否与自己有关。因此，对各类主体而言，接近性往往是新闻存在价值的第一因素，也是新闻价值判断的第一原则。

当然，这里的接近性不仅是指物理意义上的接近性(身体的和自然空间的)，也包括文化意义上的接近性和心理层面的接近性。

下面这个案例，充分解释了接近性因素对新闻价值，以及对新闻报道走向的影响。

2014 年，马来西亚航空公司接连发生了两起空难，一起是当年 3 月 8 日的 MH370 失联事件，一起是当年 7 月 17 日的 MH17 事件。MH370 全部 227 名乘客中，我国人员有 153 位。MH17 全部 298 名乘客，以荷兰人为主，没有中国乘客。

对这两起震惊世界的交通事故，中国媒体和欧洲媒体的关注强度具有明显差异。这两起事故都具备上述各种要素特征，中、欧媒体报道热度差异源于接近性。前者因一半以上是中国乘客，与中国的关联性和接近性更强，故而中国媒体报道相对充分。后者因主要涉及欧洲乘客，欧洲媒体自然会予以更大的报道力度。

四、新闻价值要素的变与不变

1. *稳定要素与非稳定要素*

新闻价值具有多维要素，自然会出现多种要素组合。在不同的组合结构中一些要素相对稳定，一些要素会受外部因素影响而发生改变，从而影响该要素在价值整体性中的排序，最终导致新闻价值判断标准随之变化。

这里的变化分为两个层次。

一是已有部分要素本身具有非稳定性。为了便于把握，我们根据要素是否随判断主体的变化而变化(即是否一直是独立的客观存在)，将现有要素分为两类：稳定要素和非稳定要素。

所谓稳定要素，是指不管世易时移，也不论外部如何变化，这些要素及其标准始终坚如磐石，不会有任何动摇，具有内在的客观性。这些要素包括真实性、新鲜性、重要性。虽然新鲜性的衡量尺度不断向实时性迈进，所谓“新近”的量度不断细化，但新鲜性本身一直是作为新闻价值的要素而存在。重要性的道理异曲同工。一位正常理性的信息接收者，必然会优先关注对自身有较大影响的新闻。

非稳定要素是指因判断主体变化相关要素可能随之发生变化，带有明显的主观性色彩。这些要素包括显著性、趣味性和接近性。对非稳定要素的鉴别通过观察和体验就可完成。以显著性为例，同样是奥巴马，在总统任职上和在卸任后，社会对发生在他身上事件的关注度截然不同。同样是底特律，在世界知名的汽车城时期和在被称为铁锈地带代名词时期，人们对这座城市所发生同类事件的关注度会大不一样。受改革开放持续推进、社会文化水平提升、家庭经济实力不断增强、媒介涵养作用等诸多因素综合影响，社会整体趣味不断转移，趣味标准也不断抬高。

二是随着媒介技术、环境和规制等因素的变化而产生的连锁反应。上海交通大学采用问卷调查法进行的一项研究显示：移动互联网背景下，传统新闻价值要素发生嬗变，如时效性向实时性转变，趣味性地位提高并向娱乐性转变，地理接近性被弱化，情感接近性受到重视；关注度取代知名度成为显著性的衡量标准。① 这份研究谈及的新闻价值要素变动结果是否完全适用值得进一步探讨，但其提出的新闻价值标准重塑问题实际上早已在新闻业界引起广泛争论。大众传播时代，大众媒体作为新闻价值判断的社会代言人，在新闻价值判断时往往强调多数共识，因而其要素排序基本体现为对公共性的侧重，除真实性和新鲜性外，显著性和重要性始终位居显要位置。但在互联网时代，是否具有“关系”成为人们对待新闻热情的基本指向。

2. 新闻价值发展与要素位移

(1)新闻价值演变的影响因素

在对新闻价值的演变进行说明之前，首先要提到杰克·麦克劳德和史蒂夫·查菲提出的“风筝模式”：新闻是上层社会、公众和媒体相互取向的产物。媒体在选择和编辑新闻时要同时考虑上层社会和公众的看法和需求，在新闻加工过程中协调双方的差异。以下将借助“风筝模式”从社会、公众和媒体层面进行分析。

一是社会层面。新闻价值的演变是在消费需求、市场竞争、政治压力以及社会和技术创新等诸多影响因素交织作用下向前发展的。新闻价值受与之相关的基础因素的直接影响，如新闻事件发生的时空、政治诉求等；新闻价值也受其他相关因素的综合影响，如技术的可行性、上层社会对媒介的掌控和支配能力等。综合观之，新闻价值判断离不开上层社会政治形态的影响。

同时，不断发展的社会环境也赋予了新闻价值更为深刻的内容。在互联网时代，新闻价值的转化层次更为丰富，新生了“数据层”和“知识层”价值转化与实现方式，同时对“信息层”和“话语层”的新闻价值表征提出了新的要求。

最底层的数据层包括新闻活动中获得的关于客体的认知。数据层拥有关于对象的最全数据，即“所有时代所有地方的所有信息”，并通过规模化认知的分享、补充和纠偏，得以实时扩充。基于互联网技术特性，新闻价值的信息层表征(即资讯生成与分享)，被赋予了碎片化、模糊化、图像化、非专业化、

① 安淑月：《理性行为理论视角下移动新闻传播分享化对新闻价值标准的重塑》，《新媒体研究》2020 年 2 月，第 56 页。

集约化、实时性等特征。知识层储存了大量相对完整的认知文本，新闻价值的知识层表征是互联网的独有贡献，在问题思考路径选择、实践范式参考等方面具有较强的使用价值。当知识按照一定的目的和规则被组合，实现了主体特有的价值意图，就形成了新闻价值实现的高级形式，即话语。

二是公众层面。受众需求影响新闻价值，受众需求的多样化使新闻价值泛化。在新闻机构的实际运行中，媒体从业人员往往从新闻事件对人的影响判断其价值，而不是从其独立存在的有用性判断其价值。受众需求直接影响媒体的新闻价值导向，媒体在此过程也不断强化自己，对受众从迎合到教育引导。

随着公众需求的多样化，媒介也因此分化出有不同服务群体偏向的专业媒介，如商业性媒介、科技性媒介、娱乐性媒介等。新闻在实现满足各种用户需求的同时，也出现了新闻价值的泛化现象。

三是媒介层面。新闻媒介形态的变化影响新闻价值的偏向。新闻价值背后这双看不见的手，可从新闻媒介的形态变化中去寻找。罗杰·菲德勒明确指出："传播媒介的形态变化，通常是由可感知的需要、竞争和政治压力，以及社会和技术革新的复杂相互作用引起的。"从"一对多"的大众传播，到"一对少"的分众传播，再到"一对一"的沉浸传播和泛众传播，不同媒介时代和不同媒介形态对于新闻价值判断标准有不同的偏重。

(2)新闻价值位移具体表现

一是由及时性向全时性转移。新媒体时代下的全时性可以从两方面理解，一方面是指新闻的 24 小时全天候服务，或根据受众需求不间断地按需供给。另一方面，网络环境的存储性特点使得发布过的新闻能够完整且长期地被保存。就算是"过时"很久，也随时有可能被人获知。因此，相较于传统媒体"束之高阁"的内容查阅方式，新媒体环境下的新闻时效价值更长，网络新闻的"全时"价值更高。

二是客观性与个性化达到平衡。第三媒介时代让记者的个人判断成为一种必需的选择。杰里·施瓦茨指出："新闻依旧是公平和客观的，虽然今天的记者必须在如实报道事件与发表个人见解之间趟出一条自己的路。"由于现在很多事件的详细情况，任何人都可以在网上看到，新闻报道的级别已与以往大相径庭，美联社主席兼首席执行官路易斯·伯卡弟认为，对所报道的内容给出"解释、判断、背景材料"已成为新闻记者的职责，如今的信息量如此之大，"时代要求我们去帮助读者处理这些信息，因为凭借个人的能力任何人都是无法应对的”。

三是由接近性向情近性转移。传统新闻价值中的接近性既包括地缘关系上的接近也包括心理上的接近。地理空间上的接近性之所以具备新闻价值，主要是因为自己周边发生的事情，更容易引起人们的关注和心理共鸣。距离越近，利益关联越大，心理共鸣越强。但在算法帮助下，受众可以直接接触到其最感兴趣的内容，新闻内容的接近性便发生了向情感上接近的转变。情近性是指新闻内容能够引起受众的情感认同。虽然算法只能从受众的行为习惯、相似群体等方面发掘其兴趣，但是在一定程度上也反映出了受众对某些新闻内容的情感态度。情近性与保持新闻内容的客观性并不排斥，因为完全客观的内容是不存在的，任何新闻内容都是有立场的内容，完全客观本身即是一种态度倾向。

四是由显著性向实用性转移。传统新闻机构习惯于关注社会名人、著名团体等，因为其本身就有强大的号召力和影响力，抓住那些具备“显要性”元素的选题，能让媒介机构实现经济效益和社会效益双赢。但新媒体的开放性消解了传统媒体的话语权壁垒，在“后真相时代”，小人物也有可能成为新闻主角。

五是由趣味性向媚俗性转移。在互联网环境下，受众的阅读方式由深阅读转向浅阅读，为了让某类新闻在短时间内得到受众的关注，进而产生眼球经济，一些人会对新闻进行媚俗化和煽情化处理。正基于此，学者吴琴此前的研究文章指出，传统媒介时代新闻生产的趣味导向，在当下已经发生了“名存实亡”的变化，由内容新鲜奇特、饶有趣味，表达方式生动活泼、引人入胜转变为煽情性、媚俗性。

六是由公共性向适用性转移。尽管数据新闻的核心是数据，但其并非简单地将数据分析和可视化的技术引入新闻报道中。与传统新闻对公共性价值的强调一致，其同样需要引发公众的共鸣；所不同的是，数据增添了新闻叙事的力度，让新闻叙事更加有理有据，具有科学精神。数据新闻擅长挖掘数据背后的相关性及其所隐含的社会价值，这种相关关系的发现和阐释依赖数据挖掘和分析技术，实质上却指向数据本身所蕴含的公共性关怀。在通过讲述一个复杂故事来揭示真相的理念下，数据新闻在实践中不应只是目的性地分析数据或数据可视化，而应该将其作为一种工具来解析复杂议题，接近发生事情的真相。其背后就是新闻的公共性价值。所谓数据的适用性主要是指由各种信息汇集在一起而形成的大数据，各种信息片段的交叉、重组、关联等，以及其所达到的去匿名化效果是否在数据新闻的使用中带来不当的后果，比如个人隐私权的侵犯。与此同时，确保公众的知情同意权的成本处在不断攀升中。我们使用互联网的各种路径和形态时留下了海量的信息和信息痕迹，都被作为大数据的一部分，被保存和汇集。虽然掌握着用户大量数据的主体不是传统媒体，但媒体和掌握各方面大数据的组织可以建立以利益为背景的合作关系。当特定的报道题目涉及用户隐私时，媒体有可能违背职业道德，利用这层关系获取数据。这是数据新闻生产过程中不得不考虑的问题。

七是由沉浸性向互动性转移。传统媒体的传播方式多以自上而下的“精英传播”方式出现，其表现方式相对单调。报纸只能借助于文字、图片符号；广播依赖于声音；电视也仅仅依靠图像和声音。受众接收到的新闻，仅是来自传统媒体的权威发布，且媒介形式较为单一。而新媒体的出现，彻底打破了这一格局，这一集合声音、图像、文字等多元化的要素于一身的融媒体，甚至可通过信息技术的支撑，打破常规出现了交互图表、新闻游戏、新闻动画、VR 虚拟增强现实等新形式，让各种新闻媒体走向融合，使受众不仅可以借助于不同类型的信息终端获得新闻和信息，还可以调动各种感官接收信息。此外，在传统媒体的传播视阈下，受众基本只能是“信息的被动接收者”，而没有过多参与和反馈的可能，因此交互性并不在新闻价值判断标准的考虑范围内。然而，随着近年来互联网的普及和发展，民众的自主意识逐步增强，他们不再满足于被动地接收信息，而是渴望成为信息的主宰者、选择者和参与者。因此，在今后，能够与受众有互动的新闻，才能成为有价值的新闻。

总之，移动智能互联技术重新建构了媒体场景和格局，对于什么是“新闻价值”甚至什么是“新闻”提出了新的时代之问，传统新闻价值要素在新的语境下发生了直观可见的系列变化。

首先，接近性明显强化，新的媒体介质和技术重新构建了社会关系，尤其是人与人之间的互动关系，缩短了社会交往的空间距离。移动互联时代，精准定位技术为地理空间上的接近提供了技术支撑，虚拟空间有效塑造了情感和心理上的“比邻效应”，社交媒体泛用则为文化上的共鸣提供了无限可能。另外，随着社交空间空前开放，信息共享成为人们日常生活的重要内容，信息产量急速放大，在信息富余基础上，接近性会成为人们过滤信息超载的必然选择。

其次，趣味性易受重视。高速运转的现代生活节奏，常常让人更加渴望心灵安宁和轻松愉悦，让人对严肃新闻和教化式叙事产生抵触和排斥，对趣味性信息产生偏好。

最后，显著性和重要性被削弱。新媒体更加注重公民权利和平民视角，其开放性消解了传统媒体的话语权壁垒，草根人物更容易成为新闻主角和社会关注热点，小人物为主体的新闻更能够成为舆情发酵的源头。

需要注意的是，新闻价值要素的变与不变并非互联网时代的独特表现。在媒介进化过程中，这些变化一直在进行，只不过进入网络时代后变化的幅度更加明显。

五、新闻价值大小判断原则

新闻价值要素决定新闻价值大小，这些要素的顺序和权重并不完全等同。一般情形下，要素的差异性让人很容易判断不同事件的新闻价值差距，同等影响范围和强度比影响广度、同等影响广度和强度比影响宽度、同等影响广度和宽度比影响强度，但在新闻实践中常常碰到不同等条件的情况，如何合理安排这些新闻的刊发次序大有文章可做。

结合长时期的观察，下述方式和原则可供参考。

假设 1 代表事件所影响的人口规模，2 代表所影响的地域范围，3 代表所影响的时间长度。那么，可能出现五种组合形式：1/2/3；1+2；1+3；2+3；1+2+3。

同时，我们假设 4 代表事件的性质是天灾还是人祸。在 4 为天灾的情况下，新闻价值大小基本可按照 1>2>3、1+2>1+3、1+3>2+3 的顺序展开。

4 是一个重要变量。如果所发生的事件是人为导致，那么，事件性质发生了根本变化，即便所造成的影响不是足够大，其新闻价值也会立即被放大。

与此同时，媒体定位成为另一个重要变量。不同定位决定媒体所扮演的社会角色差异，进而影响对待不同新闻事件的态度和处理方式。这也解释了为何面对同一新闻事件时，专业类媒体和综合类媒体的响应程度会有所不同。

在这个看似“简单粗暴”的判断模式背后，其实拥有相应原则，这个原则亦是人类价值观在新闻领域的展现。即，无论新闻事件何时何地发生，其所产生的影响必须遵从人、事、物的先后顺序，必须无条件将人放在遭受影响和新闻价值判断的首位，事和物必须居于人之后。

【思考题】

1. 什么是新闻价值判断？
2. 新闻价值判断有哪些要素？
3. 如何理解新闻价值判断要素的变与不变？

第六章　新闻报道策划的维度

新闻赖以生存的客观环境千变万化，“求新”是新闻报道的生命力之所在。新闻报道策划作为“为广大受众提供最佳新闻信息的一种创造性活动”，通过选择最佳报道视角和落点，采用最合适报道手段，获取最优新闻传播效果，丰富了新闻发展的实践场景。

从蔡雯将新闻报道策划概念引入国内起，新闻报道策划经历了从概念争议、原则确立到议程设置、策略完善的演进路径。对其理念认知，新闻实务界一直处于领路地位，以至于有关部门旗帜鲜明地提出“策划为魂”的指向。

但问题是，对新闻报道策划的探讨长期体现为数量上的丰盛，侧重于案例解析的研究范式长期大行其道。基于对新闻实务的深度参与以及教学实践的深入观察，本书尝试对新闻报道策划的维度和纹理进行理论上的分析和探讨。

新闻报道策划是指有计划、有组织、有目的地发掘新闻价值最大化的创造性活动，是新闻报道主体围绕客观存在的新闻事实所开展的报道优化策略。其与“媒介事件策划”具有本质性区别。换言之，媒介奉行的新闻报道策划，需要坚持四个前提，即必须遵从新闻事实、必须遵从新闻蕴含的内在价值、必须遵从创造性原则、必须遵从计划性和组织性。

那么，这种智力创新活动如何有效开展呢?

基于新闻叙事六要素(5W+1H)和“拉斯韦尔模式”提供的灵感，本书试图从五个维度解析新闻报道策划展开的理论路径。当然，这五个维度不仅可以并用，而且并用度与策划展现效果之间呈正向关系。

一、时间维度

(一)什么是时间维度

时间是人类用以描述物质运动过程或事件发生过程的重要参数。现代宇宙学理论认为，宇宙大爆炸“之前”没有时间可言。“永远向前”指时间的增量总是正数。时间表达物体的生灭排列。

时间常常被看做抽象的概念，是物质的运动、变化的持续性及顺序性的表现。在新闻事实中，时间是确定性要素和衍生变量。在具体形式上，它表现为圆状的时点(刻)、射线状的时段和直线状的时间轴。与此相对应，新闻报道策划中对时间的管理和运用至少可以从三个层次寻找突破：具体时点的一般性和特殊性、窗口意义上的周期性和规律性、跨时段的历时性和共时性。

具体时点具有一般性，在事件整个发生发展过程中，时点无处不在，它以时间刻度呈现事件的状态和发展。虽然每个时点都具有“刻录功能”，但在整个事件中并非所有的时点都具有意义。

从普遍性规律看，在事件发生发展过程中，往往在某些特殊的时刻，事件才会显示出与众不同。每个时刻对事件的走势都会产生影响，但不同时点的影响程度不同。这也决定了新闻报道不需要展现事情发生发展所有时刻的状况，即便在直播活动中亦是如此。从受众对事件进展“知情”心理看，具有拐点或转折点等明显特殊性的时间点，往往意味着事情有了“新的变化或动向”，因而更能吸引受众注意力。在实际操作过程中，这些具有特殊性的具体时点是新闻报道策划得以展开的重要资源和不可忽视的元素。亦因如此，在一些动态特征并不明显的新闻事件中，时点的把握能够体现技术性素养。成熟的记者在选取时点时，一定会选择具有新闻性的时点。而一些专业性有待提升的记者，在时点的选择上往往较为随意，所选择的时点没有价值含量，无非是交代了一个When要素而已。有时候，一些记者为了强调新闻的时效性，往往选择临近报道刊发时的时间点，但实际上该时点也无太大意义，反倒让人有“为赋新词强说愁”或“小猫洗脸——马马虎虎”的滥竽充数感。

这些特殊的时间节点是新闻报道策划推进的“关键润滑剂”，这些具体时点意味着什么，其特殊性在哪里，对整个事件的影响是什么，影响有多大，在更长的时间周期里这个时点的意义何在等，都会在策划人的脑海中产生烙印或反应。掌握这些特殊时点，有助于更充分把握事情全貌，有助于更精确掌握报道时机，策划出亮点。

1997年11月7日，长江三峡大截流江。大江截流是举世瞩目的新闻事件，电视台全程直播，全球摄影记者云集宜昌。

最后，湖北日报记者周立新拍摄的新闻图片《三峡大江截流胜利合龙》在众多作品中脱颖而出，获得中国新闻奖一等奖和1997年度全国优秀新闻摄影作品金奖。从新闻策划角度看，这张图片充分体现了时间维度的运用。

图 6-1　大江截流成功(周立新摄)

为记录这历史性瞬间，施工方组织了两艘专用船只，供记者拍摄截流现场。大多数摄影记者选取的角度是，抓拍合龙最后一铲土的动感瞬间。这个角度中规中矩，是工程报道常规视角，谈不上新意。其中，最关键的问题是，大家同角度聚焦于同一个瞬间时，所拍摄的场景高度缺乏差异化，并且是以物为焦点而非以人为中心的同质画面。

周立新选择了另外的时间节点和场面。在时点上，虽然他也拍摄了最后一铲土飞扬的画面，但心底一直在等待另一个时间节点出现。即在截流完成的第一现场，在场人们会以怎样的方式庆祝这千年一遇的特殊时刻。大量同行抓拍到合龙最后一铲土的画面后，放下了镜头。周立新坚守到撤离前的最后一刻，捕捉到截流完成后建设者在合龙工地尽情欢庆的生动场面：有的欢呼雀跃，有的舞动红旗，画面中心是两个人会师后以长江为背景的亲密握手，这是一次庆祝胜利的握手，一次开启未来的握手。周立新在谈起这幅照片时曾说："截流后不少同行放下了'武器'，但我由于有了思想准备而没有松懈，当两岸建设者奔向合龙处，我意识到要出现'我要的东西'，因而抓住了成功的机会。"他所要的东西看似是一个"画面"，实则他在等待那个特殊的时点以及这个时点上的场景。①

可见，从时间维度看，新闻中的特殊时点都意味着生命力。但点上的时间往往稍纵即逝，时间更多时候是以时段和"轴线"的形式出现的。

从时段形态出发，主要是着意于事情向前发展的运动取向，即当下时点上发生的事情对未来会产生怎样的影响和关联。它最大的拓展，在于不再将时点看做孤立的点位，而是看做整个事件中的有机组成部分，从而可以从更长的区间段中判断事件发生的逻辑、脉络和影响，从而更加科学地评估不同新闻事件的价值大小。与此同时，更长的时间周期或时段，为归并同类型或近似性事件，甚至试图寻找到其中的关联性提供了可能。从新闻价值的正常追溯和判断而言，这种可能性恰恰是新闻报道策划隆重登台的契机和用武之地。

2010年5月21日凌晨四点多钟，某知名电子企业一名年仅21岁的男性员工跳楼身亡。初看这条信息，以为是场偶然的意外事故。但这起事故引起了媒体的高度关注，大批媒体记者聚集在停放遗体的深圳市龙华人民医院。

为何？因为媒体发现，这是该企业在较近时段里发生的第十起员工坠楼事故。这些事件是否为独立的偶发事件？彼此之间有无相似性和关联性？如果存在关联性说明了什么？系列猜测和追问必然会进入媒体议程设置范围。后来的事实表明，这些事件之间存在一定的关联性，暴露出企业在管理过程中存在不容忽视的问题。在媒体监督下，企业采取系列措施，改善工作环境，提供心理辅导，有效降低了同类事故发生。②

① 吴三敏：《新闻硕果 时代结晶》，《新闻前哨》2005年第3期，第78页。

② http://www.baike.so.com/doc/7142232_7365865.html。

这条新闻表明，从具体时点看，一些信息本身或具有新闻性或没有新闻性，但如果放到更长时段来看，一些孤立的时点会被激活，一些零碎的时点上的新闻会被串连起来，其新闻性就会大大增强。

事件不只可以当做永无终点的射线，还可以当做前后融通的直线，可以回溯过往，可以凝视当前，可以前瞻未来。在更宽宏的时间范畴中去评估和发掘新闻价值，是新闻追求深度的有效途径。

从时间轴角度看，“周期”或“跨时”为新闻报道策划提供了更加宽松的发挥空间。事物的发生发展往往具有有迹可循的规律性，一般遵循着潜伏期、初发端倪期、爆发期、消退期这样一个循序渐进的过程。在事件发生发展的整个序列中，随意打开一个窗口，都可以看到事物的发展有章可循。寻找到相关规律、查证相关规律、解析相关规律，既是新闻报道策划的靶向，也是新闻报道策划的动力和趣味所在。

具体而言，就是在时间碎片和灵动的基础上，在事件发展的时间轴线上，截取相应时间碎片或时段，将它们拼接起来，形成完整时间链条，去勾勒整个事件的轮廓和蕴藏的价值点，去观察事件所处状态的前前后后、方方面面，去系统了解整个事件的发展脉络和变化轨迹，去穿透事情表面或求问鲜为人知的真相，或揭示为人忽视的规律，或发现社会运行的某种奥妙，在历时性与共时性统一中，发掘事件发生的主线、副线以及其他关联性因素，找到过去、现在和未来之间的逻辑关系，为新闻报道视角扩展和手段创新提供能量。

(二)时间维度打开

运用时间维度进行新闻报道策划，总体操作思路是，将此事件发生的时间节点作为基准坐标，向过去方向回溯历史，寻找同类项和公约数；向未来方向探讨可能。

在整个过程中，首先，需要凝视具体时点，把握具体时点的物理性特征，弄清这个时点在整个事件中的重要程度和必然状况。如果具体时间因素在整个事件中凸显出重要性，那么，就需要对这个时点进行认真解读。

2018 年 5 月 6 日凌晨，祥鹏航空公司一名空姐在执行完航班后，从郑州航空港区搭乘滴滴网约车赶往郑州火车站，随后和外界失去联系。5月8日，警方告知失联者家属遗体被找到，身中多刀，系被强奸杀害。①

这件事情震惊全国。梳理整个案件会发现，案发时间是此案中不可忽视的重要因素。正是在深夜时段，滴滴出行安全监管存在纰漏。因此，围绕这个具体时点展开策划，追问滴滴出行在安全管理方面的时间盲区，探讨如何修补管理缺陷，以及其他公共服务行业在非正常工作时间点是否存在类似管理漏洞，各种议题设置自然而然会被纳入报道视野。

其次，要透过具体时间窗口瞭望社会，把握时间在社会运动中的触发价值。时间、空间、物质三者不能分开解释，时间与空间一起组成四维时空，构成宇宙的基本结构。时间窗口必然对应空间窗口，相同的时间窗口可以观照不同的空间，不同的时间窗口可以观照相近性空间。换言之，将时间当做社会运行的坐标，可从中找出与新闻价值的关系点。

2018年8月24日13时，家住浙江乐清市的赵同学乘坐滴滴顺风车前往永嘉。下午2时9分左右，小赵忽然在闺蜜微信群里说："怕怕，这个师傅开的山路一辆车都没有。"下午2时14分，小赵还给另外一个朋友发消息说'救命！抢救！'"。随后小赵就再无音讯。朋友们等到下午3时之后，联系滴滴客服未果，最终于25日凌晨4时，乐清警方抓获犯罪嫌疑人钟某，上午时分，确认该女子已被害身亡。

此事一出，民众的怒火被瞬间点燃。因为3个月前，郑州发生的滴滴乘车遇害案案情与其如出一辙。

连续发生两起恶性凶杀事件，足见当事企业在管理方面存在亟须整顿的严重问题。在追踪事件动态进展、呼吁对网约车市场进行整顿的同时，少数媒体提出了一个深层次的议题：在互联网服务大踏步进入社会服务体系的背景下，新型公共出行服务的安全性如何得到有效保障？甚至有媒体将话题边界扩放到互联网服务体系的公众安全、企业责任和行政监管等方面。

① http://baike.so.com/doc/28118310_29529331.html/。

图 6-2　人民日报新媒体平台的新闻报道

那么，这些深度议题背后，实质上是时间要素在产生作用。即中国社会全面进入网络时代，以互联技术为支撑的新型服务方式和服务产品进入千家万户。这是一个大的时间转折点，解读这个时间窗口对于大众日常生活带来的变迁，对社会治理体系带来的影响，恰逢其时，十分必要。①

最后，应将所有具体时点和时段置于历史中进行审视，在历史的长河中寻找因果关联。如果某个新闻事件中的时间要素能在历史中被记录和翻起，这个

① http://www.takefoto.cn/viewnews.1553191.html/。

事件本身的新闻价值自然水涨船高。

(三)案例分析

呼格吉勒图案被认为是在“依法治国、依宪治国”新理念下，司法纠错第一案。此案前后涉及近20年，相关报道特别是以新华社为代表的新闻报道策划，多次运用了时间维度。

尤其是新华社自2014年12月20日起刊发的“呼格案再审”系列报道(包括《18年前的案子再审难点在哪？——聚焦“呼格吉勒图案”再审》《18年的冤案如何得以昭雪？——聚焦“呼格案”再审判决》《赔偿金只是“数字”，内心伤痛无法“抹平”——呼格吉勒图父母获赔205万余元》)，按照时间顺序清晰回顾了事件的来龙去脉，梳理了“呼格案”时隔18年再审的难点所在、再审判决的过程与结果、被判无罪后对于公检法的思考，穿插记叙了“呼格案”62天执行死刑的背景、父母上访9年的艰辛、再次审判的时间节点意义。

以下，是按照时间轴对“呼格案”作的案情回顾。

1996年4月9日，呼和浩特一女子被掐死在公厕内。5月23日，呼和浩特市中级人民法院认定呼格犯流氓罪、故意杀人罪，判处死刑。6月5日，内蒙古自治区高级人民法院二审“维持原判”，核准死刑。6月10日，呼格被执行枪决，距离案发只有62天。2005年10月23日，系列强奸、抢劫、杀人案的犯罪嫌疑人赵志红落网，主动交代了其1996年在呼市一家属院公厕犯下的杀人案。2006年3月，内蒙古自治区政法委组成了案件复核组对案件进行调查。8月，复核得出结论，“呼格案”确为冤案。2006年11月28日，呼和浩特市中级人民法院对赵志红案进行了不公开审理，未提“四·九”女尸案。2014年10月30日，内蒙古政法委、公安厅等机构证实，最快下月开始启动针对呼格吉勒图的法律重审程序。11月20日，内蒙古自治区高院向呼格吉勒图父母送达立案再审通知书，呼格吉勒图案进入再审程序。12月15日，内蒙古自治区高院宣告原审被告人呼格吉勒图无罪。至此，时隔18年的“呼格案”终被平反。

新华社关于“呼格案”再审的三篇系列策划报道分别从再审前、再审中、再审后的角度进行采写。第一篇报道《18年前的案子再审难点在哪？——聚焦“呼格吉勒图案”再审》从此案再审的背景切入，揭示了为什么在时隔18年之后的2014年(2014年11月20日下达立案再审通知书))该案可以进行再审。文中多个具体时点和时段具有重要意义：一是为何案发62天呼格即被执行死刑，介绍了此案侦破时的特殊时点背景，即案发时的1996年正值第二次严打行动开始之时，当时要求执法“从严从快”，导致案件处理可能过粗。二是为何时隔多年仍然可以再审。原因包括2005年系列案件犯罪嫌疑人落网主动承认自己为1996年杀人案凶手，由此推动了呼格父母开始长达9年的上访之路；媒体、检察院等力量的推动(新华社记者汤计的5篇内参起到重要作用)；最重要的原因是因为2014年党的十八届四中全会召开，提出依法治国、依宪治国新思路，引起相关部门对该案的再次重视。这篇报道于是选择在11月20日内蒙古高院向呼格吉勒图父母送达立案再审通知书之日刊发。

第二篇于12月15日报道(当日宣告无罪)，讲述再审判决无罪的理由，以及随后将组成调查组及追责程序的进行。

第三篇报道于12月31日发布(12月15日宣判无罪，12月31日赔偿金发放)，向受众解释赔偿金额如何计算，以及人文关怀表达，案后的追责行动，思考司法的意义和执行，由此案希望此后能避免冤假错案，坚定司法公正，正义也许会迟到，但不会缺席。

由这三篇报道，呼格案再审的前因后果被清楚地展现在受众面前，也很好地阐释了2014年这个时间节点出现该事件的原因和意义。①

二、空间维度

在当下媒体竞争日趋激烈的大环境下，空间维度在新闻报道策划方面具有

① 赵振宇：《正确认识和实施新闻报道策划》，《当代传播》2006年第6期，第87页。

极大的提升余地。

（一）认识空间

空间是人们根据自然事物所呈现出的形态特征而建立起来的一个概念，是与时间相对应的一种客观物质存在形式，两者密不可分。时间和空间结合，组成立面。通过空间位移和调度，可以跨越时间的局限。

空间是新闻报道策划的又一重要变量。参照经典作家对空间的划分，新闻报道策划中所考虑的空间范畴主要包括三个方面：事件发生所对应的自然空间、事件包含的社会空间、事件意义建构的历史空间。

1. 自然空间

自然空间首先是一种物理形式，具有长度宽度高度和深度，具有可测量性。其次表现为一种自然形态，可感知甚至可触摸。另外，自然空间还是一种环境状态，即便发生了改变也可以重建和复盘。

在新闻事件中，自然空间是事件发生发展的物理场所，也即拉斯韦尔 5W 模式中的 Where 要素。因为自然空间是事件发生的当然现场，而现场是新闻报道必须关注的要素，所以在新闻报道策划中，初始追求主要是自然空间的完整呈现。

图 6-3 这张版面图是从自然空间角度对时事新闻进行可视化处理的积极尝试。它打破了过去国际新闻以事件为核心的版式架构，改以地域为版面组织稿件，通过可视化凸显空间所具有的经纬度和新闻事件中 Where 的原始符号。

自然空间的运用主要存在两种形式。按照事情发展先后，空间也按出现顺序依次打开，称为空间顺置。多数时候，空间顺置表现为不同时间条件下同一空间变幻。在时间要素不变情况下，空间以变量出现，称为空间并置。多数时候，空间并置表现为同一时间里不同空间的组合，类似于“花开两朵，各表一枝”。

下面这篇中国新闻奖一等奖作品是以空间顺置为主展开的报道策划，文中所提及的空间严格按照出现在记者所乘冲锋舟的先后顺序进行交代。

楚天金报　环球图表 A31

陈尸水箱何解？诡异视频何解？巨大吵声何解？

三大疑团“拷问”华裔女孩死因

木兰山文武学校招生

图 6-3　以地图为背景的报纸版面

九江段 4 号闸附近决堤 30 米——两千余军民奋力抢险

本报江西九江 8 月 7 日 16 时 5 分电　今天 13 时左右，长江九江段 4 号闸与 5 号闸之间决堤 30 米左右。洪水滔滔，局面一时无法控制。现在，洪水正向九江市区蔓延。市区内满街都是人。靠近决堤口的市民被迫向楼房转移。

本报江西九江 8 月 7 日 16 时 35 分电　现在大水已漫到九瑞公路。据悉，决堤时，一些居民还在睡午觉。现在在堤坝上被洪水围困的抢险人员有上千人。

本报江西九江 8 月 7 日 17 时 5 分电　国家防汛总指挥部的有关专家

正在查看缺口。专家们决定用装满煤炭的船沉底的办法堵住缺口。

本报江西九江 8 月 7 日 17 时 15 分电　记者已赶到缺口处。汹涌的江水正从 30 米宽的缺口涌向市区。南京军区两个团正在国家防总、省防总有关专家的指挥下现场抢险。现在有一条 100 多米长的船无法靠近缺口，抢险队正在想办法。

本报江西九江 8 月 7 日 17 时 40 分电　专家们拟定了三套抢险方案：(1) 将低洼处的市民转移到安全地带。(2) 市区内的军队、民兵组成一道防洪线。(3) 全力以赴堵住缺口。

现在，一条大船装满煤，正由北向南岸靠近，准备堵缺口。

本报江西九江 8 月 7 日 22 时 5 分电　截至记者 21 时撤离时，决堤口还没有堵上。一条装满煤炭的百米长的大船已横在距决堤口 20 米处，在其两侧，三条 60 米长的船已先后沉底。数千军民正在沉船附近向江里抛石料。水势稍有缓解。

目前，留在决堤处抢险人员总计有 2000 多人。防汛指挥部组织抢险人员正在市区的龙开河垒筑第二道防线。

据悉，市中心距决堤处的直线距离约 5 公里。市区内目前还未进水。记者赶回市区时看到，一些店铺还在营业。市民们的情绪较下午平稳了一些。

路上，出租车司机告诉记者，市政府已在电视上发出紧急通知，告诫市民，凡家住低于 24 米水位的住户，要迁到更高的楼上。

本报江西九江 8 月 8 日零时 15 分电　记者刚刚与前线指挥人员通话：现在沉船部位上端水流有所减弱，但船下的漏洞水流仍然很急，缺口处洪水不见缓解。抗洪军民仍在连夜奋战。

本报江西九江 8 月 8 日零时 45 分电　记者刚刚得到消息，从昨天下午 4 点开始，万余名解放军战士正在龙开河连夜奋战，构筑一道 10 公里长、5 米宽的拦水坝，作为市区的最后防线。至发稿时止，仍有大批军车赶往此地。(原载 1998 年 8 月 8 日《中国青年报》，作者为贺延光。)

另一篇中国新闻奖作品，展示了空间并置运用技巧。在长江截流成功的同一时刻，作者将大小十余个地点有机整合在了一起。

昨日15时30分，第二次截断长江

本报三峡坝区8日电本报记者雷刚、许万全、剑文，特约记者余晓菁报道：今天15时30分这一瞬，与长江三峡工程大江截流合龙一起，凝结成一个伟大的永恒。

有“三峡第一刀”美誉的葛洲坝一公司工人雷元斌，驾驶推土机在左右堤头对接点轻松利索地一抹，给大江截流画下了一个美妙的惊叹号。

数以亿计的黑眼睛、蓝眼睛都看到了，千古奔腾不息的长江，按照人的安排，温驯地从导流明渠流过。

中共中央总书记、国家主席江泽民，国务院总理李鹏，在截流工地和两万余名建设者共享成功的喜悦，并兴致勃勃地来到上游围堰，向建设者表示慰问和感谢。

“胜利实现大江截流，这是我国现代化建设的一件大事，也是人类改造和利用自然史上的一个壮举”，江泽民总书记铿锵有力的声音在峡江上空久久回响。这是他第三次来三峡了，最早一次是出任总书记刚刚20天。

当代中国历史上，没有哪一个工程像三峡工程这样，吸引了整个民族的如此关注。从孙中山到毛泽东、周恩来、邓小平，再到以江泽民为核心的第三代领导集体，连接着一个世人熟知的百年梦想。

今天，一个典型的峡江秋日，雾霭弥漫，景物朦胧。三峡坝区热闹非凡，上下围堰4个堤头共11个工作面同时展开；峡江两岸山头早早挤满了四面八方赶来的群众，他们为截流决战助威喝彩。

从8时52分李鹏总理下达截流合龙令，到15时30分实现合龙，一切都按预想进行。

合龙一瞬，万众鼎沸。施工船、水文测量船、电视导播船和过往船只，长时间鸣笛庆贺。

水利泰斗、耄耋之年的张光斗教授热泪盈眶：50年前，“国民政府”的“中美三峡水力发电计划”宣告结束时，他曾在大公报上撰文称“三峡工程之理想天国，终有实施一日”。今天，张老终于有幸看到他倾注毕生心血的工程正在变成可触可摸的现实。

乔生祥、黄华平、陈笑霖灿烂地笑了。16年前，他们是首次截断长江的一员；今天，他们率领葛洲坝人再次获得截断长江的殊荣。此次，葛洲坝人以截流流量最大、水深最大、日施工强度最大，获得3枚世界水电施工“金牌”。

1958年2月，周恩来总理考察中堡岛时曾看望过岛上居民望作秀一家。今天，为三峡建设让出家园的望作秀，不顾89岁高龄，特地赶到导流明渠上首观看截流盛况，老人激动不已，连声说：“值得，值得！”

截流合龙后，记者随即拨通原长江委主任林一山北京住所的电话，他平静地说：“我一直在听收音机。截流成功，这是历史的必然。”

据介绍，大江截流整个施工过程，长江航运没有一天中断，众多水利、航运专家慨叹：堪称世界奇迹！（原载1997年11月9日《湖北日报》，作者为雷刚、许万全、剑文、余晓菁。）

2. 社会空间

社会空间被视为可感知的社会存在，是社会活动和社会组织所占据的空间，虽然无法触摸，但可感知；不能丈量，但客观存在。

地理学家约翰斯顿将社会空间定义为“社会群体感知和利用的空间”，在该空间中能够反映社会群体的价值观、偏好和追求，也能反映社会结构和运行特点。

将社会空间导入新闻报道策划和传播，源于社会学研究者赋予空间的张力和活力。在社会学者看来，人作为社会性动物必然会建立社会运行机制和体系，也势必会受到社会结构和规则的影响与制约。基于社会性意义上的活动空间，都属于社会空间。

有学者提出，社会空间包括公共空间、私人空间与个人空间。其中公共空间指对社会所有人开放的空间，但公共空间并非绝对无限制，一些管理措施会使公共空间的公共意义下降。私人空间是有限制的空间，为不同的群体、团体或个人所有，家庭是社会空间中最典型的私人空间。私人空间是属于个体的，不被任何人了解、知道的属于私人的空间，它可以属于具体的自然物理范畴，也可以是拥有完全权益的物品或无拘无束的心灵世界。

新闻无法规避的主体性，注定新闻报道必须考虑新闻事件天然包含的社会空间。事件发生的社会背景是什么，对社会群体会产生怎样的影响，社会群体对此事会做出怎样的反应，这都是在做新闻报道策划时所需要考虑的。如何做出最准确客观的新闻报道，如何充分展示新闻、媒体和社会之间的关系，正是新闻报道策划追求之所在。

> 2002年11月16日，28岁的湖北石首籍武汉大学校友呙中校以“我为伊狂”为网名，分别在人民网“强国论坛”和新华网“发展论坛”上贴出了长达1.8万字的《深圳，你被谁抛弃》一文。文章如一枚深水炸弹，引爆了整个城市的集体情绪，成为深圳热烈讨论的公开话题，并引起时任深圳市市长于幼军的关注。2003年初，《南方都市报》经过精心策划，推出《深圳，你被抛弃了吗》系列报道，引发全社会对深圳命运的审视和反思，在广东乃至全国引起强烈反响。于幼军与“我为伊狂”在线上进行了几个小时的交流；当年7月，国务院调研组到深圳调研，呙中校以民间代表身份应邀参与座谈。①

这是一组典型的以社会空间为依托的报道策划。进入新闻策划焦点视野的社会空间，主要是公共空间。如果说自然空间的首要功用是打开Where的话，社会空间则为新闻对于社会的意义提供了藏纳之地。只有在公共性层面去探讨秩序、规则、环境、伦理等社会事物和社会事务，新闻事件及其价值属性对人而言才有更丰富的意义。

3. 历史空间

布罗代尔立足于总体性的“历史时间”范畴，建构了与之相匹配的总体性“历史空间”理论，从而实现了历史研究的当代创新。所谓“历史空间”，布罗代尔指出：“我们这里不应该忘记最后一种语言，最后一组模式，即必须把任何社会实在归结为它所占领的空间。”

在对新闻事件的意义进行解析时，自然要把事件放在历史空间中来考量。在浩荡的历史长河中，泛起过无数浪花和潮流，历史就像一个个抽屉或衣柜，储藏了人类所有事情，收藏了所有事件的过程和结果。只有将事件置于悠长的历史卷轴中，我们方能知悉这起事件所处的历史方位，方能比较它在时光隧道中所能展现的光束。

即便是在记录技术突飞猛进的今天，并非所有的新闻都具有历史价值。历史就像一位淘沙公，以最无情又最公正的方式，对新闻事件反复筛洗，网下是

① http://baike.so.com/doc/6638815_6852625.html。

一层层精细的沙土，网上是筛不掉的粗颗粒沙石。一个个新闻事件亦如苍穹密布的繁星，在浩瀚的星辰大海争光斗亮。最亮的那一颗，一定是历史无法忘却的记录或记忆。

所以，历史空间是对新闻进行价值称重的天平。绝大多数新闻很难显示出重量，但一旦在这个天平中显示出了“数码”，则意味着这个新闻事件在相关的历史时空占有“一席之地”，意味着新闻价值具有了相当的高度。反过来，在新闻报道策划时，恰恰需要将具体的新闻事件放到这个天平上，看看它是不是出类拔萃的那颗“星”，是不是历史全卷中不可省略或磨灭的“笔画”或“点撇”。

2001 年 11 月 11 日，在多哈举行的世贸组织部长级会议上，中国正式成为 WTO 成员。奔赴现场的上海电视台记者，从物理空间导入社会空间，进而转入历史空间，通过空间维度创意策划，别具一格地记录了这个重要的历史时刻。

从后排到前排　15 米走了 15 年

今晚，是所有中国人都难以忘怀的日子。中国人终于结束了 15 年的艰难跋涉，成了世界贸易组织的正式成员。而这一历史性的变化，首先反映在中国代表团的座位上。

多哈当地时间晚上 7 点多，世贸组织第四次部长级会议的议程进行到了一半，敏感的记者们突然发现，前一天还坐在会场最后几排的中国外经贸部部长石广生和副部长龙永图已经郑重地坐到了会场的最前排。此时此刻，关于中国入世的审议还没有开始，主席台上的墨西哥代表还在作精彩的论述，但发现了这一精彩场面的记者们已按捺不住兴奋，不约而同地聚拢到主席台下，十几台摄像机齐刷刷地对准了坐在第一排的中国人。

在后排的观察员位置上，中国人已经坐了十多年，从最后几排到第一排，不超过 15 米的距离，中国人足足走了 15 年，其中的苦涩和此刻的激动，都不经意地写在了中国入世首席谈判代表龙永图的那条红领带上。

世界各国的媒体也在关注着这历史性的变化，整个晚上，中国代表团的成员走到哪里，哪里便会出现骚动，保安的驱赶也无法阻挡人们对中国入世的关注。

一锤定音，百感交集。在新世纪的第一年，中国终于走入了世界贸易的大家庭。结束了 15 年的漫长等待，中国迎来的是一个腾飞的新起点。①

图 6-4　我国加入世界贸易组织签字仪式

(二)空间维度运用

新闻报道策划空间维度可分别单独从自然空间、社会空间、历史空间展开，也可将其中的空间进行综合运用。以空间为核心元素的策划路径主要包括以下层面。

1. 自然空间运用

从自然空间进行新闻报道策划，主要从三个方面着手，即寻找空间的层次性、一致性和差异性。

(1)自然空间的层次性。在寻找层次性中，又可以从解构空间层次和丰富空间层次两个方面进行策划。

① http://www.xinhuanet.com/29jx/2007-08/22/content_6580350.htm。

所谓解构空间层次，主要是基于打破空间的系统性和整体性，挑选结构性意义的样本或代表性意义的地点，由点面或局部入手来窥视或反衬整体状况。

2001年，包括湖北在内的全国不少省份遭遇严重旱灾。不少媒体派出大批记者前往逢旱必灾的地区，披露灾情动态状况。当时的湖北日报特稿部“反弹琵琶”，经过周密策划，将报道点定位于向来水涝成灾的江汉平原四湖地区。通过客观描述这个著名的“水袋子”也出现严重旱情，来反衬其他地区灾情之严峻，同时从“水袋子”也喊渴出发，探讨农村水利基础设施建设不足的深层原因。

这篇《“水袋子”为何也喊渴》独辟蹊径，传播效果更为明显。这篇报道的策划之道，就是灵活运用了解构空间的技巧，从旱情最轻的特殊空间出发，去“对比性”展现大范围的严重灾情。

所谓寻找空间的丰富性，是指将空间分解为不同的层次，从不同的层次去看待和分析同一件事情。站在不同的“海拔”，看到的景象完全不同。

2012年是我国大事喜事比较集中的年份。湖北省内主要媒体经过认真梳理，系统展示了新中国成立以来湖北省各个行业和地区所取得的光辉成就。在多轮次报道同一主题基础上，如何取得报道创新成为一大难题。

《楚天金报》打破以时间为叙事主线的“固定模式”，改以“空间叙事”策略，将各行各业、各地各市取得的成绩放置在不同地理空间层次进行审视，分别冠以“站在中部看湖北”“站在中国看湖北”“站在世界看湖北”的栏题，一下子重建了立体报道视角，让读者充分了解到湖北成就在不同坐标系中的“亮度”。

(2)自然空间的一致性，又可分为绝对一致性、相对近似性和标识一致性这三个方面。就风貌、名称等地理属性看，世界不少地方具有可对照性和可关联性，这就为新闻报道策划的空间发挥提供了机会。

在湖北省武汉市北部，有一片被称为“汉口北”的地域，涵盖武汉市黄陂区盘龙城开发区、滠口街道、武湖街道、三里桥街道等区域，东至武湖泵站河，西至盘龙城国家考古遗址公园以东沿线，南至府河，北至武汉四环线，面积97. 37平方公里。今天的“汉口北”已成为中国最大国际小商品批发交易中心之一。

但在2006年之前，这个地方并不叫“汉口北”，它有一个更响亮的名字“黄陂南”(即武汉市郊的黄陂区南部)。显而易见，在市民的心理认知中，“黄陂南”是远离市中心的“偏安一隅”，难以吸引大众前去进行商品贸易。为了激活这片土地，卓尔集团和媒体联手，赋予这片土地一个崭新的地理符号——汉口北。

“黄陂南”和“汉口北”具有地理方位上的绝对一致性，但通过“身份证”上的改名，一下子拉近了大众与这个地方的心理距离，全面激活了这个空间所蕴含的综合价值。“汉口北”的场域重构与激活，实则是空间绝对一致性的巧妙利用而已。

空间相对近似性的案例更是举不胜举。世界地理系统中，相似结构和特征比比皆是，具有可比较性和可比较意义的地方亦是数不胜数。比如，杭州西湖与武汉东湖的近似、幼发拉底河与尼罗河的相似等等，不一而足。

相对而言，地理标识上的一致性常常被视为一种“巧合”，但实际上任何地名的来源都与相应的文化、地形地貌等因素相关，尤其是结合地形地貌取名的地方，往往导致“重名”的概率大增。一旦这些“重名”之间可以寻找到某种关联性，便有了可资“借题发挥”的意趣。

1992年5月5日，《经济日报》刊发了记者许宝健的作品《从孟楼到孟楼》。文章的开头是这样的：

1992年3月6日，中午12时45分。我向前迈一步，便同时站在了两个省的土地上。我的后脚留在湖北省，我的前脚迈进河南省。身下是一条无水的小沟，顺着小沟望去，你发现，在这里，两个省没有分明的界线。

然而说起来我却没有跨出一个镇，后脚留在孟楼镇，前脚跨进孟楼镇。两个镇叫同一个名字，同一个名字分属于两个省。

站在这里，我不仅体验着空间的跨跃，也体验着时世的变迁。

这篇报道常常被当代中国新闻人津津乐道。这是实实在在存在的两个孟楼，紧紧相连却分属不同的省份。更重要的是，两个在物理边界上完全接壤的乡镇，经济发展差距却较为明显。所以，这篇作品成功的关键原因并非有人评价的所谓作品标题引人入胜，而是成功地将两个标识一致的不同地理空间撮合在一起，捕捉到两者在社会发展方面存在值得社会深入思考的可议性“公共话题”。令人拍案称奇的是，这两个地理空间并不像司空见惯的广布于中国的“重名”，而是在经纬度上几乎重合的“同地”。正因如此，为了让读者一眼辨识出两地的“差异性”，作者在标题中特别增设了副题——湖北、河南两个孟楼镇见闻。

(3)自然空间的差异性。差异性主要是体现在呈现方式上，是空间顺置组合还是空间并置组合，其中空间顺置组合主要是按线性、自然自发的或者空间的方式进行新闻报道策划，而空间并置组合则需要相应的过渡以进行上下文的连接。

下面这篇中国新闻奖得奖作品，采取了自然空间差异性思路，整个报道策划痕迹比较明显。

三峡大坝昨下闸蓄水

记者××三峡梯调中心1日9时电　三峡总公司总经理陆佑楣刚刚在这里下达了三峡大坝下闸蓄水的命令。从这一刻开始，中华民族“高峡出平湖”的百年梦想将逐渐变成现实。未来15天内，蓄水将达135米高程。

中心多媒体屏显示，此刻三峡坝前水位106.11米，上游来水量1.2万立方米/秒。

记者××三峡大坝1日9时20分电　此刻，大坝第20号导流底孔弧形闸门在强力液压启闭机作用下紧紧闭合了，刚才还巨流喷涌的20号闸室外已波平浪静。

三峡大坝22个导流底孔只保留3个宣泄江流，流量控制在3500~4000立方米/秒，以保证葛洲坝电厂发电和下游通航。

记者××葛洲坝1日11时电　三峡大坝下闸蓄水两小时后，葛洲坝二江电厂中控室电脑屏幕显示：入库流量3713立方米/秒，葛洲坝坝上水位66米，坝下水位39.4米。值班员赵阳说，现在流量刚好达到发电最低要求，葛洲坝21台机组中有10台在运转发电。1小时前，二号船闸送走了驶向下游的3条机驳拖船。

记者××秭归港1日11时电　温驯的江水已经漫过港口的6级台阶，比上午9时涨了约1米。

“我亲眼看到江水一点一点爬上台阶。”茅坪居民熊宇平兴奋不已。她5岁的女儿却不高兴：小蚂蚁跑得太慢，淹死了好多。长江5号飞船经理张宏斌盼望水早点蓄到位：“到那时，风平浪静的江面会让旅客感觉更舒适、更安全。”

记者××归州1日14时电　归州水位较上午9时上涨了1.5米。当靠江最近的副食店老板郑家运卖出今天第4包香烟时，江水终于淹没了原秭归县实验小学校址。老归州城边的鸭子潭已与长江完全融为一体。江边看水的彭树淼老人有些惋惜：“再也看不到人们成群结队到潭中舀桃花鱼的景象了。”

记者××巴东港1日15时电　尽管江水在迅速上涨，但巴东港并未受多大影响，西上东下的客船不时停靠。巴东旧城遗址已淹没大半，江面宽了70多米。对岸神农溪口已展宽至400多米，江水倒灌约10公里。约1小时前，县旅游部门成功炸除了溪中涨水后阻碍航船的“神农石”。

记者××巫山1日17时30分电　由宜昌开往重庆的“江山1号”客轮在长长的汽笛声中驶离巫山港时，港口通往县城的“人”字形路分叉部分已全部没入水底；巫山水位较上午涨了近两米。

记者××奉节1日19时电　瞿塘江水已失去了往日的汹涌，只在江风吹拂下泛起涟漪。据航道部门测定，夔门水位已升至108米。

落日余晖下，有不少摄影爱好者在拍摄夔门摩崖题刻，风箱峡段也有不少游客在参观、留影。

记者××三峡大坝1日24时电　此时大坝中央控制室电脑屏幕显示：坝前水位108.89米，过去15个小时蓄水2.78米。值班人员说，首日蓄水达到预期。

截至记者发稿时，蓄水仍在进行中(原载《湖北日报》2003 年 6 月 2 日)。

综上所述，自然空间打开方式主要分为三种情形。

第一种是横向扩张(望远镜)，在横向扩张中又可分为独立空间扩展和共性空间扫描。独立空间扩展主要遵循原点—地点—地方—地域—地球的路径进行扩展，而共性空间扫描则是寻找空间的公约数。

第二种是纵向收敛(显微镜)，即从宏观场域到中观场地再到微观场景，从独特性到必然性的形成路径。

第三种是原点挖掘(放大镜)，即立足于新闻事件本身，挖掘新闻事件更深层次的意义，升华新闻事件。

2. 社会空间运用

社会是人的关系的总和，是作为社会群体可感知和可利用的空间，或者说一种社会性产品和可感知的客观存在，社会空间给予新闻社会价值。

以社会空间视角开展新闻报道策划，主要有两条路径：

一条采用的是常规思维和常见思路，即从物理空间自然演进到社会空间，在社会空间中寻找共性、发现规律以及进行社会解构。我们不妨将由这种逻辑产生的社会空间形态称为输入型社会空间。

输入型社会空间又可分为自然渗入式社会空间和主观嵌入式社会空间。

所谓自然渗入式社会空间，即由自然空间漫溢而来的社会空间。具体而言就是，新闻事件中的地理元素(Where)与社会相关元素之间自然产生了关联，这种关联关系超越了自然地理空间的承载容量，导致事件中原本单纯的空间地理具有了明显社会属性。

贝鲁特港区大爆炸现场宛如核战后的世界末日

2020 年 8 月 4 日下午 6 时左右，平静的地中海东岸被震耳欲聋的声响惊醒，黎巴嫩首都贝鲁特港口发生了“从未有过”的大爆炸。

爆炸接连发生两次，导致多栋房屋受损，玻璃被震碎，天上升起红色烟雾。粉色蘑菇云和滚滚浓烟腾空而起，方圆 10 千米内，建筑无一幸免，成片的废墟和瓦砾掩盖了贝鲁特“东方小巴黎”的光彩。根据黎巴嫩卫生部的数据显示，截至8月17日，该次事故至少造成了6000人受伤、100多人死亡，更导致了数十万民众无家可归。

爆炸具体原因目前仍不清楚。多名黎巴嫩官员提及，大约2700吨硝酸铵自2014年起便存放在贝鲁特港口区仓库内。

贝鲁特作为黎巴嫩的首都与经济中心，在此次爆炸中损毁严重。在这样一个敏感的区域发生爆炸事件，对经济和社会稳定都造成一定的冲击，黎巴嫩政府所面对的难题也更多了。爆炸案发生后，黎巴嫩多地爆发游行示威。黎巴嫩当局17日宣布，将在贝鲁特实施的紧急状态延长一个月至9月18日。①

从一般动态性报道而言，上述报道中的贝鲁特主要表明爆炸事件所发生的具体地点。但毫无疑问，在贝鲁特发生的这起突发事件所产生的关联性，早已超越自然空间范畴，但这种超越的逻辑起点源于具体事件的地点要素。当然，并非所有新闻事件中的Where都可以放大到社会空间中。是否能够渗入，取决于事件所产生的社会影响力。

主观嵌入式社会空间乃新闻报道策划者有意借题发挥，人为对新闻事件中的地理元素进行关联式想象和“主观式”发挥所形成的社会空间，从而赋予地理要素特殊的含义，甚至不排除暗含某些隐喻。

2017年2月24日，山东省长郭树清履新银监会，一家媒体在报道此事时，便“借用”了嵌入式社会空间。文章开头部分如下：

这338米，郭树清走了五年半

兜兜转转，郭树清重回金融圈。

在担任山东省长4年后，他又回到了熟悉的地方，接替尚福林，成为银监会第三任主席。

银监会位于金融大街甲15号，距离郭树清此前曾担任主席的证监会

① https://www.360kuai.com/pc19515676eb57b1c805.wta=38kual_so。

金融大街 19 号富凯大厦，只有 388 米的距离。这 388 米，从证监会主席到银监会，郭树清走了 5 年半。①

社会空间的另一种形态可称之为内生型社会空间。顾名思义，所谓内生型社会空间是指新闻事实中的 Where 要素内在于社会运行体系之中，只要展开报道，那么直接进入社会空间领域，无须通过突发性事件的自然地理空间过渡。现象类和主题类新闻报道中的 Where，绝大多数指内生型社会空间。

进城务工人员是中国社会转型和城市化进程中的特殊群体，一度成为社会广泛议论的特殊对象。及至 21 世纪前后，不少地方对进城务工人员仍持歧视态度，甚至专门出台规定限制使用进城务工人员。在这样的时代背景下，2002 年 3 月 8 日《湖北日报》这篇报道从社会空间视阈理性分析了进城务工人员群体存在的历史意义和演进趋势，及时有效引导了社会舆论。

走向现代化的道路

——民工潮的历史与现时态

3 月 5 日，背着厚重的“蛇皮袋”，付小强夹在蜿蜒几百米的民工队伍中，艰难地向前挪动。

这是 23 岁的付小强第一次走出大巴山。他没想到，武昌火车站广场会如此拥挤。

付小强走的这条路，有数以亿计的人走过。但付小强远比“前辈们”幸运，在他要去工作的城市，人们将称他为外来劳务人员，而“前辈们”曾被称为盲流。

付小强走的这条路，千千万万的人还在走。在他们看来，这条路是奔向富裕的康庄大道，是走向现代化的希望之路。

民工潮的发展历程，实际上是新时期农民追求现代文明的逻辑展开过程。这个过程，大致可以分为三个阶段。

① http://mhexun.com/newsrec/2017-02-27/188298123.html。

副业型：打工族的原始态

打工(打长工、打短工)，曾被作为受剥削的代名词尘封了30年。

20世纪70年代末，改革开放的春风吹醒了人们的头脑和思维。一些具有经济意识底蕴的农民，开始在土地之外寻找致富契机。这个时候打工行动，只是农民在种好责任田之后的一项副业。

搞副业的人主要来自沿海地区，这和今天民工潮涌沿海地区恰恰相反。不同的是，他们大多属于单干。当时，以温州地区为代表的江浙人尤其热衷于搞副业，他们成群结队离土离乡，在大江南北修路建桥，修鞋补锅。到20世纪80年代中期，温州人开设的眼镜店、理发店、钟表修理店几乎布满了内地的每个角落。福建和广东人在内地的“副业规模”也越滚越大。当内地人不可思议地看着这些操着外来口音的人，拖儿带女远离家乡在外漂泊时，当内地人还专心于农作物的增产时，这些先知先觉者的腰包却悄悄地鼓了起来。

这就是改革开放后，我国打工群体的原始状态。多年以后，知名经济学家钟朋荣对以温州人为代表的副业型队伍作出的评语是：市场经济意识较强。

随着改革开放的逐渐深入，外资的不断涌入，以及搞副业队伍原始资本积累的完成，到80年代中后期，沿海出现了以乡镇企业为主体的工业化浪潮，对劳动者的需求量不断上升。一些不满足于土地回报率的农民，开始到城市特别是沿海城市寻找“副业”。在赚钱效应导引下，这支队伍“风生水起”，最终形成一股巨大的潮流。

事实证明，部分早期打工者外出时虽然不排除盲动性，但对人们思想观念带来的冲击和影响，惠及一代甚至几代人。

就业型：打工族的中继态

20世纪80年代末90年代初，外出民工形成新的高潮。1989年3月4日，本报发表的一篇文章称，截至当年2月底，外地涌向广东的农民总数已达150万人以上，偌大的广州火车站广场俨然成了“农民的海洋”。

由于当时我国尚属于“有计划的商品经济时代”，大批农民外出属于

“计划”外自发外出，而且引起交通线“气喘吁吁”，一些人称这支队伍为“盲流”。

日益汹涌的民工潮，成为当时牵动中国高层的独特经济现象。不少人为之担忧甚至恐慌。1989年3月8日，新华社发表文章规劝农民朋友“城里找活难，农村天地广”。由于时逢三年治理整顿时期，一些沿海城市挂出了“关门谢客”的招牌，但仍无法挡住民工外出的脚步。被外界誉为一大奇观的“春运现象”，由此而生。

“盲流时代”在1992年有了“转机”。在当年的新闻报道中，“盲流”的使用率明显下降，尽管打工队伍日渐庞大。1992年2月18日，本报一篇报道称，从农历正月初五开始，涌入武昌火车站的南下民工每天约1.6万人，超过上年同期的50%，为历年之最。而且，“赚钱，多赚钱，是越来越多的民工提早南下的动力源”。

1992年，邓小平同志发表南方谈话和党的十四大召开后，以南方为代表的沿海经济圈迎来了突飞猛进的新时代。中国南方成为世界上最繁忙的建筑工地。1992年第一季度，仅从深圳汇往全国各地的汇款单有近140万张，共计7.03亿元人民币。汇款人群中，最常见的是三五成群结伴而来的打工仔、打工妹。

随着社会主义市场经济体制的确立，打工者的名分也得到重新界定。打工不再是“盲流”，而是市场经济条件下人力资源的合理流动和市场化配置。打工仔、打工妹不仅逐渐成为沿海地区经济建设的重要力量，而且不少人在打工地安家落户。与此同时，还出现了城里人和农民之间逆向打工的互动格局。1993年，新华社的一篇通稿说，有300万城里人到乡镇企业上班。

这个阶段，打工队伍中以小手工业者和体力劳动者居多。打工者主要从事建筑、运输、餐饮和服装、电子生产。打工者追求一份较稳定的工作，用他们自己的话说，“我们要在城里上班”。

趋理性：打工族的现时和后时态

1984年以前的改革初期，中国农村劳动力向非农产业转移的主要方式不是外出打工，而是进乡镇企业，其主要特点是“离土不离乡、进厂不进城”。1990年至1997年，情况发生了变化。据中国社科院高级研究员李培林调查，这一时期外出打工的流动民工占农村劳动力总数的比例平均在15%左右，大大超过了同期乡镇企业新吸纳农村劳动力的人数。

农业部长杜青林今年2月4日在中外记者招待会上说，去年有7800万农村劳动力外出打工，同比增长了5%，占农村劳动力总数的16.3%。可以说，中国农民外出打工是当今世界上规模最大的人口流动。

在队伍不断膨胀的同时，打工族中也出现了许多积极的、理性的变化。一是打工族虽然以赚钱为第一要旨，但越来越多的人开始注重学习发达地区的先进管理经验和技术。这一方面归因于用人单位门槛逐步抬高，另一方面源于打工者对知识的自觉追求。“知识经济初露端倪”，越来越多的打工者认识到，在知识经济时代，知识就是力量，就是打工就业最好的敲门砖。二是打工队伍结构正在发生变化，一批大中专毕业生甚至机关干部也加入到打工队伍中。近几年，黄冈市分配回原籍的大中专毕业生中，超过1/4的人选择了外出打工。他们外出的重要理由，是想改变现状，提高个人适应能力和竞争能力。三是在打工地域的选择上，不再单限于沿海发达地区，而是哪里更能体现个人价值或者赚取更多的财富，就奔向哪里。从某种意义上说，打工的含义已发生了质变，打工不再是农民的“专利”。

社会对打工族的地位也有了新的确认，这是一种理性的确认。在我省的一些落后县市，如英山、通城等地，打工族成为活跃当地经济的重要力量。张国光省长在2月21日的《政府工作报告》中，也明确提出“支持农民外出打工，发展打工经济”。这是对打工族的最好鼓励。

一位社会学者说，一部农民打工史，就是一部改革开放史。20多年间，中国经济体制经历了两次嬗变，目的都是为了有利于生产力的发展、有利于人民群众生活水平的提高，而打工族的出现和壮大，正是沿着这条道路在走。当然，大批青年劳动力的外出，给农村带来了新的矛盾（如留在农村的是“386170部队”，部分地方存在抛荒现象等），需要我们正视和化解，但中国要实现现代化，就必须转移农村大量剩余劳动力，引导他们走向现代化。外出打工，就是千千万万的农民走向现代化、走向现代文明的路径之一。

3. 历史空间运用

运用历史空间进行新闻报道策划，需要把握三条原则。

一是具体新闻事件是否具有放置历史时空的素质和基础。人类历史浩浩汤汤，并非所有的新闻事实都需要在浩渺的历史中“立此存照”，更非所有的新闻事件都能够“留下一笔”。

二是具体新闻事件是否具有与历史握手的“禀赋”。简言之，是否能从新闻事实中找寻到与历史契合、暗合或吻合的“资源”或“资本”，两者间是否具有历史关联性和因果必然性。

三是在历史坐标系中相关关系建立是否具有必然性。历史尊重偶然，但更尊崇必然。缺乏必然性的“历史空间”发挥，往往会滥竽充数牵强附会，经不起逻辑推敲和时间检验。

4. 空间综合运用

空间综合运用则是指针对不同的新闻，空间运用的形态不一，有时单取自然空间，有时着意历史空间，有时聚焦社会空间，有时又是几个空间综合在一起运用。

新闻报道策划中的空间综合运用，其神奇奥妙与大家臆想中存在的“三体”异曲同工。空间层次与新闻价值大小呈正比，能够进入空间的层次越丰富，新闻价值就越大，可供策划的元素越多。进入历史空间，是值得期待的境界，但需尊重客观条件。

（三）具体案例分析

1. 具体案例——《沙市奶农见识市场残酷　5万公斤鲜牛奶倒进农田》

（1）报道原文

沙市奶农见识市场残酷　5万公斤鲜牛奶倒进农田

沙市区城郊奶农见识了市场的残酷。由于少人收购，他们不得不将5万多公斤鲜奶倒进农田。

25日，记者接到沙市窑湾农场奶农打来的求助电话，反映他们养的奶牛每天产奶1000多公斤，由于少人收购，一半牛奶只能倒进农田做肥料。

记者赶到现场。空气中弥散着一股刺鼻的酸腐味，奶农们正把一桶桶豆腐脑似的变质牛奶倒进田里。一位满脸愁容的奶农告诉记者，鲜奶仅能保存3天，由于收购的人少，3个月来他们已倒掉5万多公斤，实在可惜。为减少损失，他们只好克扣奶牛的“口粮”，许多牛饿成皮包骨头。

窑湾奶农是去年9月开始养奶牛的。当时，牛奶市场价格高达每公斤2元，还供不应求。附近的一家乳品企业也鼓励他们多养奶牛，并口头承诺收购。他们引进黑白花和俄罗斯奶牛，每头单价高达1万多元，加上饲料、人工和冰柜等配套设备，大户投入10万多元，小户也投了二三万元。他们非常后悔当初没和那家乳品公司签订购销合同。

当时鼓励农民养牛的力能达公司也有苦衷。经理助理杨妙林告诉记者，去年市场行情十分看好，他们就鼓励农民多养奶牛，一来农民可以增加收入，二来也可多给公司提供鲜奶原料。但今年以来，大量私人作坊生产的假冒伪劣奶制品涌入市场，加上向周边学生供奶的计划搁浅，市场对鲜奶的需求大幅下降，他们也无法兑现当初的承诺。

奶农们说，他们曾推车沿街叫卖，但收效甚微。也曾想过组织人员将牛奶送到武汉、宜昌等地，可租一辆冷冻罐装车来回成本至少要3000多元，实在难以承受。按现在的情形，今年至少还得倒掉10万公斤牛奶。

采访中，不少干部和奶农表达了同样的担忧：加入WTO，市场变化系数更多，农产品竞争更加激烈。如何帮助农民走“有效供给”之路，是当前亟待破解的难题。(原载《湖北日报》2002年4月26日，作者为刘畅)

(2)具体分析

一篇好新闻，常常是伴随着能拨动社会和读者心弦的新问题而出现，《沙市奶农见识市场残酷　5万公斤鲜牛奶倒进农田》便属此类优秀的新闻作品。这篇消息是在《湖北日报》上刊发的，在第13届中国新闻奖评选中，获得二等奖。主要说的是发生在荆州市沙市农场的奶农“倒奶事件”，这不禁让人们联想到，在资本主义国家陷入经济危机时，农场主为了保持高额利润，将牛奶倒进大海的残酷情景。而这样的情景现在竟然在社会主义市场经济中出现，虽然奶农和农场主倒奶的原因大相径庭，但对奶农及千千万万的市场主体来说，“倒奶事件”无疑是一堂生动的经济课和投资风险教育课。“倒奶事件”并非资本主义社会所特有，它同样发生在实行社会主义制度的中国大地上。该消息抓取我国社会主义市场经济建设中的一个典型案例——湖北沙市奶农无奈将5万公斤鲜牛奶倒进农田，提出一个新课题：建立和完善市场经济体系，要采取切实有效的措施，帮助各类市场主体走“有效供给”之路，以避免社会财富的损失。

思想性是新闻的灵魂，好新闻仅有鲜活的事实远远不够，新思想、新见解更为重要。而这篇新闻稿件从奶农倒奶这个微观事件出发，揭示社会主义市场经济的供需问题，且作者巧用时代背景，指出中国加入WTO，市场变化系数更多，农产品竞争更加激烈的事实，得出如何帮助农民走“有效供给”之路，是当前亟待破解的难题的结论。

最后，这篇消息最大的可贵之处是直接咬定问题的要害不放，“倒奶事件”并非一般意义上的特殊矛盾，而是那些具有方向性、普遍性和迫切性的新问题、新矛盾。另外，这则消息没有从宏观方面叙说怎样建立和完善社会主义市场经济，走“有效供给”之路，而是选择从奶农倒奶这一小角度出发，陈述事实，分析原因，然后顺理成章地揭示文章主题，对政府的工作也具有重要的指导意义。

2. 空间综合——《这一刻，荆楚再起航》

(1)报道原文

这一刻，荆楚再起航

(一)

哲人说，历史中有属于未来的东西，找到了，思想就会永恒。

未来回望2012年这个时空坐标，或许可以下这样的定义：这是一个危中有机的十字路口，是艰险中孕育勃勃生机的变革机遇。

对湖北来说，尤其如此。

端详外部，2008年开始的金融海啸，在2011年下半年终于招致欧债危机的恶化，美欧日发达国家经济体全面颓废，全球经济欲振乏力。

观照内部，中国巨轮进入改革的攻坚期、矛盾的凸显期，暗礁涌动，“两难”突出，各方利益诉求难得调和。

形势逼人，不得不进，只有进，才能在晦暗不明的世界经济形势中闯出一条光明大道；又不得不稳，稳住物价，稳住增长，中国经济才不会被卷入暗流奔涌的漩涡。

这样的危机感，对中国人来说并不陌生。

这样的使命感，对湖北人来说并不轻松。

邓小平早就留有前瞻之言：发展起来之后，遇到的问题不一定比发展之前少。

前无古人、摸着石头过河的改革开放，本身就一直在强烈的忧患意识和清醒的危机意识中进行。“深水区”“攻坚战”“杀出一条血路”等沉重的语汇，30多年来屡屡在耳畔轰响。

危机也是机遇，机遇也是挑战。

挑战，必须以进一步的思想解放来应对。

（二）

18.59万平方公里的荆楚大地，得中独厚。

20年沧桑巨变，20年风正帆悬。

邓小平在南方之行第一站武昌火车站踱步的那个时刻，湖北GDP刚刚突破1000亿。

仅仅三年高歌猛进，经济总量就翻了一番，突破2000亿。

20年后的今天，汽车、钢铁、石化、食品……湖北8大支柱产业破千亿元大关，荆楚大地正高速奔向两万亿关口。

这是鼓舞人心的气象，这是堪以“蝶变”形容的巨变。

然而，这还远远不够。

与荆楚儿女抱负相比，湖北的块头还不够大，身子骨还不够硬，百姓的荷包还不够厚实。

与全国先进省份相比，湖北的速度还不够快，发展还不够均衡，经济结构还不够完善。

与中央的期望相比，担当“中部崛起重要战略支点”的重任，湖北依然要付出艰辛努力。

跳开抽象的概念，我们可以轻易地从具体的数据中感受到什么是“不够”。

民营经济是经济中最具活力、吸纳最多就业人口的板块。2011 年上半年，湖北民营经济增加值占全省 GDP 的 52.4%，占据半壁江山，进步不可谓不大。

但环顾四周，浙江民营经济已经贡献了 70%的 GDP 和 90%的就业岗位。即使在西部省份四川，民营经济占 GDP 的比重也已经逼近 60%。

对外贸易依存度，是丈量一个地区参与全球产业链条广度与深度，以及开放视野的重要标尺。

2011 年，湖北进出口总额达到创纪录的 336 亿美元，增长 29.7%，稳居中部六省第一，成绩斐然。

然而在浙江，这一数据已是 3094 亿美元，其中单单一个宁波，就超过 970 亿美元，差不多相当于两个半湖北省。

回望来路，我们走得像在跳。

环顾身周，别人跳得像在跑。

时间不等人，发展慢了就是落后。

我们必须跑起来，甚至飞起来。

（三）

破题呼唤大解放，跨越催生大魄力。

思想的高度，决定我们能够到达的高度。

进入新世纪第二个十年，荆楚大地这幅宏大画卷中，点睛妙笔轮番闪现。

打造资本洼地承接产业大转移，湖北着力经济强健筋骨。“两圈一带”“一主两副”，荆楚图谋书写鸿篇巨制。

落子武陵山大别山“两区”建设，立意消除“区域短板”。

荆州“壮腰工程”，精准“点穴”，壮大“中腹”肌力。

宁可政府麻烦，不要民企为难，全心打造最佳商务环境。

万名干部走万村进万户挖万塘，扑下身子办实事，提高群众工作能力。

明镜高悬治庸懒、势如破竹问责严，既要清廉之风更要精神区位。

荆楚大地，正在营造大开放的全新语境。

楚山汉水，正在掀起思想大解放的浪潮。

所谓解放，就是解开枷锁解脱羁绊，放开手脚真抓实干。

思想这个“总开关”打开了，活力得以空前释放，经济得以持续发展，社会得以阔步向前。

这是对20年前那位睿智老人最好的告慰。

这是对“南方谈话”精神最好的传承。

(四)

风，起于20年前。

风，自南方拂来。

2012年初春，一幅小小的新闻照片成为各界热议的话题。

2011年度湖北经济风云人物评选出炉。颁奖会上合影时，出席仪式的省领导一反惯例，后排站立，乐当绿叶；而获评经济风云人物的企业家们，前排端坐，神采飞扬。

经济学者赵凌云阐释，这幅图景传递出无比明晰的思想解放的信号——企业家老大，既然是老大，就应该成为“第一焦点”。

年轻企业家阎志解读，这幅画面是湖北正在倾力打造的发展文化的写照，这样的文化将支撑荆楚奋力腾飞。

一个令人神往的创业环境，正在这样的潜移默化中，悄然成形。

一个百舸争流的发展愿景，正在这样的春风细雨中，茁壮萌芽。

荆楚跨越，箭已离弦。

湖北新政，气象万千。(原载《楚天都市报》2012年1月19日，作者为王溥、韩自强。)

(2)具体分析

这篇新闻稿件以时空为轴，交错叙事。稿件以2012年这个时间节点，向前追溯湖北地区经济的发展，在细数湖北地区民营经济取得种种成就的同时，作者立即又将其与浙江、四川等地的民营经济进行横向的对比，指出湖北地区民营经济在发展上还有很大的空间。解构了空间的层次性，打破了空间的系统性和整体性，通过对同一事物不同地区的对比，更加突出了作者想要表达的叙述主体。另外，作者还善于运用排比，“与荆楚儿女抱负相比……与全国先进省份相比……与中央的期望相比……”丰富了空间的层次性，点明了虽然20年后的今天，湖北地区出现8大支柱产业破千亿元大关，荆楚大地正高速奔向两万亿关口等鼓舞人心的新气象，但是这还远远不够。

最后，这篇稿件立足于改革开放这个大的背景，站在改革开放这个历史的高度上，肯定了改革开放给中国经济乃至湖北地区带来的大发展，但是在发展中也出现了一些新的问题，即验证了邓小平早就留有的前瞻之言：发展起来之后，遇到的问题不一定比发展之前少。很好地表明了危机也是机遇，机遇也是挑战这个观点。结尾再次运用时间轴“风，起于20年前。风，自南方拂来”强调和深化全文主题，荆楚地区必将乘着风帆再次起航，实现自身的大发展。

(四)小结

从空间维度切入是新闻报道角度挖掘值得高度关注的趋向。一定程度上，其归结于由相对论开启的对“空间”概念认知的不断深化。

从空间维度出发寻找新闻事实中的价值、逻辑与关联，意味着对以时间为纵贯线的线性传播的扬弃，归根到底是重新建构新的思考路径。时间叙事或策划，其好处是便于知晓新闻事件的前后脉络，但在横向界面容易导致与社会连接不够。空间维度可以开启对相同时点不同地域和社会结构的另一个观察窗口，从而体味“横看成岭侧成峰，远近高低各不同”的妙趣。特别是自然空间、社会空间和历史空间的复合穿插和交错运用，不仅会让新闻报道浑然立体、豁然开朗、别具一格，更重要的是能从“位置”角度发现和发掘新闻事实中蕴含的新闻价值，避免编年体为主打的单一衡量模式，进而增添新闻报道的视角宽度和关系广度。

三、关系维度

关系维度指的是人与人、人与事、人与社会之间的相互关联。关系是新闻报道策划需寻求的最大公约数。在新闻报道策划中，就是要找寻人与人、人与事、事与事之间构成的关系网络及其强度。

关系是在时间、空间和人三者之间衍生出来的，在时间和空间编织的这张网络中，人物是其中的关键性因素。

离开了人的社会关系，人也就失去了自己的社会属性。事件发生的核心对象是人，那么如何理清事件中所有的人物关系网络对于了解事件全貌有着重大意义。在新闻报道策划的采访环节中，往往需要找到事件的核心人物和相关人物，了解各方情况，从不同人物身上发掘他们与事情的关系指数。理清人物关系网络之后，需要分析人与事件之间的联系。人物在新闻事件中扮演着什么角色，他们与事件之间的关系层次如何，都是需要摸清的关键点。任何新闻事件不仅必然发生在客观物理环境和相应社会环境中，而且必然会广泛交互，这为事情与事情之间的嵌套提供了更多可能性。

从狭义角度讲，新闻报道策划活动就是围绕新闻要素建立社会关系度数的社会实践。

(一)认识关系

1. 人与人的关系

人是新闻事件的核心。任何事件的发生、发展都离不开人的因素。人不仅是新闻事件产生的根源，也是新闻报道的出发点和落脚点。新闻价值判断要素中，无论是重要性、显著性，还是趣味性、接近性等，都会出现个体差异，其中包含个体主观差异。好的新闻报道策划必然会通过挖掘事件中的人物关系来搭建注意力模式。离开人物谈新闻报道或报道策划，将导致新闻生产的意义荡然无存。

人物是新闻叙事所包含的基本要素之一。此处的人物一般分为三类：直接当事人、间接当事人、利益相关人(第三方)。直接当事人指的是事件的直接参与人员。间接当事人是指事件发生的间接参与人员。利益相关人则是指事件的第三方人员，如当事人的亲属、相关管理部门、利益相关人员等。

这三类人员构成新闻事件的主体，三者之间有可能错综复杂，甚至藏而不露，但顺着事件的过程和逻辑，依据相应的资料和手段，人物关系终会浮出水面。

曾有媒体报道说，某条高速公路一处电子眼曾经抓拍违章行为超过了12万次。报道说，电子眼设置在这条高速公路的一家服务区旁。一般人

> 的正常思维和行为是，要进服务区了，压点线行驶不要紧，却不料代价是被扣3分、罚款200元。就这样，这条高速公路上的这个摄像头抓拍到了十多万次车辆压线违章。事件曝光，引起众怒。①

从人物角度看，这个案例中涉及人物关系的地方有多处：一是涉及的直接当事人规模巨大；二是人物并不具体，都是模糊的，不管是驾驶员还是交通管理人员都限于群体性指称，未有具象的个体；三是这件事在第三方人员(利益相关者)中引发反响。但这并不影响这件事所具有的新闻报道策划价值，而这件事情价值彰显的地方正是不同人群间的立场和观点，以及利益冲突背后的正义与公开。

历史因人而丰富，新闻因人而生动。每个当事人自身、当事人与当事人、局中人与局外人、局外人与局外人，都可能成为新闻报道策划的落点或起点。从核心人物出发勾画同心圆，分层依次勾勒出关键人物、次关键人物、一般关系人物、无关紧要人物，在这些圈层中寻找节点，在节点中出现次数最多的人物，便是新闻报道策划人物关系发掘所要锁定的重点人物。

2. 人与事的关系

一个事件中常常会涉及方方面面，因此会出现多个“点”和多个“面”甚至还会有无数个“点”和无数个“面”。新闻报道策划所需要做的工作就是从无数个“点”和“面”中挑选出受众最关心的信息，呈现事情的真相，满足受众的知情权。从新闻的五要素中我们可以得知人是指在新近发生的事件中发挥作用的人或具有特点的人；而事则是指新近发生的事情。“人+事”即什么人做了什么事情或者是什么事件对什么人产生了影响。

人和事是新闻的两大核心要素。在事件性新闻中媒体策划人需要根据事件大小、事件影响、事件性质进行判断。其中事件大小由事件所划分的等级，即根据人财物损失情况决定。事件覆盖的人口广度、地域宽度、时间长度和影响程度，是确定事件影响的主要测度。从性质角度看，事件可分为主观性事件和客观性事故，即自然事件与人为事件。不管事件大小和影响如何，事件性质都是最关键的变量，是客观原因导致还是主观原因致使，从新闻价值判断到新闻

① https://www.360kuai.com/pc/9440e2fd04ca2c50 c?cota=3&sign=360_57c3bbd1&refer_scene=so_1。

策划展开都会因其产生完全不同的结果。

2011 年温州动车事故牵动着亿万人民的心。2011 年 7 月 27 日《中国青年报》记者赵涵漠的特稿《永不抵达的列车》别具一格。作者从复杂的涉事关系图谱中，成功筛选到两位年轻大学生，将人物的悲剧色彩与事件的残酷性微妙结合在一起，让人不禁感慨命运不公，唏嘘生命无常，也使文章更加感人肺腑，让读者感同身受。

12

冰点·特稿

永不抵达的列车

图 6-5　2011 年 7 月 27 日，《中国青年报》相关版面

3. 事与事之间的关系

要想做好新闻选题策划工作，就必须要具备将几个表面上看似没有关联的素材联系到一起的能力，寻找出当中的共性内容，最终策划出一个具有全新意义的新闻素材。例如，现阶段我国就业困难、土地抛荒、环境污染严重，这几个新闻素材似乎并不存在相关性，然而其根本原因主要在于我国城镇化进程发展过快所引发。又例如，儿童逃学问题突出、失学率高、营养不良、儿童拐卖事件增多等，这些新闻素材都是发生在留守儿童这个新闻主体上。

同时在类似事件中，新闻报道策划人要善于寻找它们之间的关联性、相似性以及必然性，从孤立的事件出发寻找到类似事件，继而发掘这些事件的“公约数”，捕捉到共同点和规律性，从而提升事件的价值含量。如近年曾多次引起热议的聂树斌案件与“呼格案”具有很大相似性，使得其事件本身的新闻价值有所增加，更加能吸引受众注意力。

由此可见，事与事之间的关系，分为多种情形：一是乙事由甲事导致、引发，两者之间具有交叉和重叠部分，在顺序上是前后关系，在逻辑上是因果关系。二是乙事与甲事具有相似性，两者之间并无交合，但在事件的样态、形式、演绎或后果等方面具有近似性，容易归并为“同类项”。三是乙事与甲事相互并无直接关系，但事件中的某个元素具有可关联性，比如事发地完全一样或相同、事件中的人物之间具有关联等。

(二)关系指向

“人们的一言一行、一举一动都离不开社会关系这个范畴。”社会关系本身是客观存在的复杂网状结构。在千丝万缕的“关联”中，存在着大大小小、千姿百态的“关系式”，这些“关系式”打开的过程，便是关系搭建的过程。

1. 人与人

在社会学家眼里，人是不同程度的社会关系的产物，人与人之间的社会关系有强弱之分。在新闻传播研究者看来，人不仅是新闻事件的发生主体，也是新闻报道的对象。新闻报道策划中的人首先指新闻事件中的当事人。这些人物在事件中的角色各式各样：有的人是直接经历者，有的人是目击者，有的人是旁观者；有的人是个体，有的人是团伙，有的人是群体；有的人是直接利益者，有的是间接利益者，有的是无关利益者。这些人物在新闻事件内外的身份和社会地位、角色与立场、作用与影响都不一样，甚至对同一事件的了解和理解，对同一场景的表述和描述，对同一事件中当事人的态度都难以一致，但只要他们之间具有直接或间接、显性或隐性的“关系”，都应归为新闻报道策划的考虑元素。

常规思路是，首先结合一个个具体当事人的各种社会身份、社会资本、资源禀赋和日常表现等，从其动机、行为和后果等视角出发，观察其行为的正常与异常。即通过对具体当事个体自身的“资源利用”来寻找可能推动报道突破的相关信息。

其次，寻找这些当事人彼此之间的各种“关联”，寻找其中可能存在的一致性与非一致性，完善人物行为的整体性和逻辑完整性。

再次，寻找当事群体的利益共求和利益差异、贡献或责任区分与归属。通俗而言，就是在社会网络系统中寻找当事人之间的关系纽带和关系强度。

最后，与既往事件进行综合，在比照中寻找人物之间的相似性、共同性和重叠性，从结合点和交接点的“交集部分”拓展新闻事件人物间错综复杂的关系存在。

间接当事人或旁观者的重要性同样不容忽视，尤其在突发性事件中，间接当事人可以担当多重角色，如背后知情者、现场目击者等。有时候，随着事件动态延展，间接当事人甚至可能发展为直接当事人。至于旁观者，往往是就新闻事件进行评价的第三方，他们的身份和立场、判断和态度，对新闻事件的价值指引往往具有画龙点睛的作用。大量现场还原往往通过旁观者的讲述完成，讲述者的“翻译”能力和“解读”技术差异，会产生截然不同的效果，对新闻报道策划的价值贡献自然亦会高低有别。

受众是人与人关系结构中不可省略的另一方。随着互动性非延时特征越来越突出，受众参与新闻生产的几率充分放大，受众的情绪、声音和态度被明显带入新闻报道过程。传者一方面有可能通过“受众端”获取大量鲜为人知的补充性信息和资料，另一方面也可通过“开放性议题”，拓展人际关系范围，丰富报道入口。

2. 人与事

人和事，在新闻报道中具有绝对统一性。离开人谈事，不着边际，不知所云，犹如对着空气谈话。离开事谈人，空说无凭，空洞无物，好比管丈母娘叫大嫂子——没话找话。所有的人，必然在事中；所有的事，必然有人物。人和事的统一，构成新闻报道的基本框架，所谓叙事中的“见人见事见物”也由此发端。

从人和事的结合出发，寻找事情性质、事发原因、相关人员在事件中的位置、事情中蕴含的人物利益与冲突、事情对不同的人物造成的影响、不同的人对事情的看法和情绪等，都是新闻报道策划时可资调用的资源。

这些资源归纳起来，大致可分为以下几类：

一是人在事件中的位置和状况。人在事件中处于核心关键位置还是普通或边缘位置，位置决定了人物和事件的关系紧密度。不同阶段关键位置会不断调整，但从关键位置人物入手开展策划的取向不得改变。

二是在事情动态变化的不同阶段，不断出现的各种人物。比如，在一场突发事故中，不同方面的救助人员会按照救援需要渐次登场，这些人物及其行动，对整个事件的进展具有重要影响，围绕这些人物行为和表现展开策划是具有持续性特征新闻事件报道的重要策略。

三是事件中人物涉及的利益程度和影响大小。这里既指事件与当事人利益的直接关联，也包括事件对他人的影响程度。他人是极为宽泛的指向。一般而言，事件如能引起社会层级位置越高的人关注越表明其影响重大。相应地，报道策划也可以“好风凭借力”，围绕这些特殊人物的卷入进行报道谋划。

四是从事件发生原因看，人物在其中应担的责任大小。凡人为事件，事再小，报道也可以做大；非人为事件，事再大，报道也会受到制约。

3. 事与事

在新闻报道基本要素体系中，What 是最核心的成分。从社会消费心理看，“发生了什么事”接近更多人的第一反应。在“发生了什么事”的基础上，披露哪里发生的、何时发生的、情况怎么样、什么原因等其他要素才更具意义。从一定角度讲，其他要素是 What 的具体展开，是对 What 要素的补充和完善。

所以，事与事之间的关系发掘，并不一定意味着牵强附会或主观大胆假设。相反，恰恰是系列其他要素集体复活与激活，在不同事件扩散过程中，得以碰撞出大量结合点。从事与事的关系出发顺藤摸瓜，捕捉到不同事件之间的连线，新闻事件价值发掘便有了历时性和共时性视角，事物间的共性和逻辑便有了必然性和普适性。

(三)关系发掘

关系发掘实质上是通过人与人、人与事、事与事之间关联网状构造的串联，将新闻要素中所有信息(显性、隐性)进行交叉扩放。血缘宗亲、地域纽带、文化风俗、经历耦合、价值观念、利益关联等关系产生因子皆为串联对象。

不管是采取平行还是交叉式串联方式，所有关系勾连点都可能成为新闻报道策划的突破口，但所有关联点之间必须具有逻辑和证据。同时，在事件动态进程中，关系对象和关系结构随时会发生变化，需要动态调整。

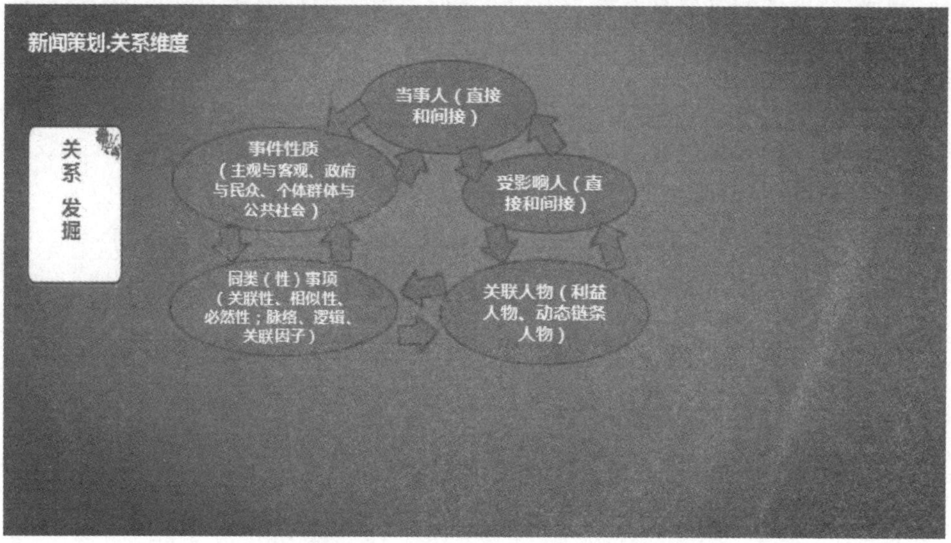

图 6-6 关系维度示意图

新闻报道策划从关系维度展开，主要有三种路径。

一是围绕事件中的时间、地点、人物及背景等要素寻找价值点。新闻事件诸要素既可能是“孤立的存在”，亦可能具有外部关联性或“溢出效果”。

二是围绕事件(信息)动态变化及其因素搭建关系框架。万事万物变化必是内因与外因共同作用的结果，在事情的不同阶段，相关因素的影响和作用不同，影响事件动态发展的关键因素是新闻价值发掘需要把持的重点方向。

三是围绕人、事、物之间的逻辑和顺序构建。新闻事件中，人、事、物三者高度统一，环环相扣，彼此之间具有逻辑支撑。同时，对事件性新闻的价值发掘和议程设置，往往遵循人、事、物的先后顺序。这么处理一方面是人本主义使然，对人的关注和关怀高过一切，自然应优先对待；另一方面也遵循了事件发展的客观规律。

上述三种路径既可以单独使用，也可以交替或综合运用。但同时需要注意的是，“关系维度”具有边界限制，必须紧紧围绕事件的关键要素和关键词进行关系设定，稍有不当就可能陷入脱离中心、离题万里的尴尬境地。

图 6-7　《财经》代表作《银广夏陷阱》充分运用了关系维度

四、情境维度

（一）何为情境

情境一般是指在一定时间内各种情况的相对的或结合的情景和境况，它往往表现为事情或事物所在场景的背景、状况、气氛或时空。如果缺乏了情境，新闻信息和事实容易走向抽象。

因此，我们常说一篇好的写作，不仅包含有作者“设身处地”的亲历，更有受众身临其境的切身感受。只有在具象的时空场景和有感的氛围中，作品才能产生相应感染力，增强感受力。无论是建构还是被建构某种情境，都是新闻报道策划可以发力的指向。

1. 情境的内涵

初冬的暖阳爬上向家坡，阳光洒在弯弯的大沙河上，渡口南岸的一棵银杏树闪烁着金光。

68岁老人万其真已经守候在渡口北岸的小石屋前，望着对岸这棵显眼的树。因为对岸的停靠点被草木遮蔽，他划向对岸的时候总是把船头对准这棵银杏树。紧挨着小石屋的后檐，也有一棵树。那是一棵有百余年历史的木子树，树干婀娜多姿，一片片深红的叶子静静地漂浮在水面上。百年来，他的爷爷、父亲、叔叔也曾守望在这棵树下，一代一代把义渡传承下来。“喔——”对岸传来呼喊，有人要过河了，老万用同样的声音回过去。老万行动舒缓有力，不急不缓地解开船缆，渡船慢慢地从这棵老树滑向对岸那棵银杏树。15年来，老万日复一日，一趟又一趟，迎送来往于两岸的村民。

老万讷于言，多数时间都在默默地做着手头的事。没人过渡的时候，老万静坐在船头或小石屋前，将手中竹篾，编织成一个个竹篓。

老万总会在渡口候着，每天只吃两顿饭，因为担心上山吃饭影响村民过渡。上午10点多，孙子送来第一顿饭，老万一口一口吃着，眼睛却一直望着对岸。

上述文字，是2010年11月27日《楚天都市报》“三代艄公义渡百年”系列报道之《建始三里乡大沙河祖孙接力坚守渡口》中的开头部分。作者运用白描和细描手法，简要勾勒出艄公老万的工作环境和日常场面。

就整个报道而言，这是不可或缺的部分，它在故事演绎中发挥着不可替代的“布景作用”。这就是情境维度，至少包含背景、环境和情景三个层面。

图 6-8　艄公义渡场景

在汉语文学中，背景是指衬托其他事物的要素或背后力量，既有前台的现场景象、中台的客观景深，也包括后台的要素力量。在社会语境中，背景常常暗指后台，无非是指人物和事件卷入了相关“元素”，从而增添了事情的纵深度。

新闻报道中的背景指新闻事实发生发展的历史条件和环境条件，历史条件指事实自身的历史状况，环境条件指事实与周围事物的联系。简言之，所谓新闻背景是指正在发生的新闻事实与历史和现实的关联，即时间纵轴上的历史脉络、内在逻辑和空间轴上的关系勾连与搭建。当当下某个事件与历史建立起关联性后，这个事件便不再是孤立的存在，而具有了历史和现实的双重张力。因此，将特定新闻事件置于历史纵轴和现实网络中打量，这历史纵轴上的每个砝码和现实网络中的每个节点，都可能成为这件事的背景。

在新闻学教科书中，新闻背景被公认至少具有六大作用：一是揭示事情意义，增强新闻价值，唤起受众关注；二是铺垫前因，强调事情并不简单，增强新闻厚重感；三是予以暗示性点拨，表达某种不便名言的观点；四是增强纵深感，提高可读性；五是进行对比，显示事情变化程度和状况；六是解释说明，严明事情来龙去脉，便于受众理解。

如果说背景更多着眼于历史性，环境往往意味着对事件发生的内外系统的通盘审视。环境既包括自然环境、社会环境，也包括心理环境；既指内部小气候，也包括外部大氛围。值得注意的是，此处的新闻环境，并非指宏观意义上的媒介发展环境，而是指具体新闻事件报道过程中的操作环境。

情景是新闻事件特别是新闻现场的客观情形和真实场景，主要指新闻当事人所使用的语言、动作以及现场的状况和景况。所以，情景不仅真实具体，而且往往伴有细节和特写。电视媒体借助技术工具，对情景具有更流畅的驾驭和更娴熟的运用。

2. 情境与情境新闻

有一种新闻报道类型叫情境报道。做出这种分类的是哥伦比亚大学新闻学教授迈克尔·舒德森(Michael Schudson)。舒德森从1950年以来美国部分报纸中遴选出近2000篇文章，对其内容进行类型及特点分析后，将新闻报道分成传统报道、情境报道、调查报道、社会移情报道以及其他类型报道共五大类。

舒德森提出，“情境报道”主要关注大环境，视角多样，提供背景分析，通常描述的是正在进行的事件，但往往也会提供历史背景分析，强调对事件的深度解读，并且明确地将报道重点放在分析事件的原因上。这类报道可以是解释性的、趋势性的或描述性的。舒德森发现，“情境新闻”正异军突起，主要证据有五点：新闻对当权者更具批判性；记者更加公开地表现出攻击性；报道篇幅变得更长；报道不再以政府和当选政客为中心；新闻对报道背景解读更多。

据了解，情境新闻在2015年成为学术研究的重点，并在新闻报道模式转型的探索中成为被追逐的方式。显然，情境新闻中所指称的情境，更接近于将情境当做表达中的一种元素，作为新闻表达的有机工具和组成。

(二)情境维度运用

新闻工作者需要树立一种新闻报道策划的全局观，在进行新闻素材采集时一并对新闻背景素材，如新闻发生的社会背景、历史背景等进行采集，并做好对新闻意义的深层发掘工作，从而使得最终呈现给公众的新闻内容具备全面性、深层性和发展性。

那么如何通过情境维度去进行更好的新闻报道策划呢?

1. 情景运用

从情景中把握核心要点。新闻事件中的情景既可能是事件演变的环境，也可能是事件发生的结果，如同刑事案件中的“证据现场”。通过客观而流动的现实景况，可以回溯事件的变动，还原事件过程，也可以由此出发预判事件可能的发展趋势，还可跳出细微场景探求事情本质，进而发掘事件的最大价值。描绘情景有两个角度，一个是由外而内，从现场的外围逐渐向中心区域靠拢；一个是由内而外，直接找到核心，再向外蔓延开来。2016 年邢台突发洪水，给人民群众生命和财产造成不小损失。北京一家媒体在报道这起事件时，梳理了邢台洪水暴发的时间轴，对洪水造成的损失伤亡以及灾后安置进行了详细交代。在此基础上，探寻了到底什么才是导致人民群众严重受灾的根源，还原了事件真相，避免了谣言流传。为了衬托洪灾给群众带来的破坏性，记者素描了在典型性村庄所目睹的灾后情景，令人感同身受、悲从中来。一幅幅惨不忍睹的场景背后，隐忍着作者的同情和悲愤。这篇报道不仅采取了“触景生情”的叙事表现手法，而且借助具体情景强化了“其情之惨本可避免”的情绪。

从情境复盘中捕捉疑点。现场复盘是新闻报道的必要工序。多数场合，复盘者对现场的描述往往存在差异，不管是主观性还是客观性导致，都可能会因此产生相关“疑点”。而且，这些疑点往往会在现场留下蛛丝马迹。所以，对于现场的全方位还原，不只是确保新闻真实性需要，也是试图捕捉疑点进而发掘新闻价值的补充手段。《中国青年报》“冰点周刊”中的不少报道，就是通过对现场场景的立体还原来发现新闻点的。

从“景点”中发现可放大点。著名战地记者罗伯特·卡帕说：“真相是最好的照片，最好的宣传。”然而“如果你的照片拍得不够好，那是因为你靠得不够近”。这里的“近”，是指新闻发生的现场，尤其是核心现场。只有无限接近和深入现场，才能尽可能掌握事件的真实面貌。现场情景或宏大丰富，或复杂混乱，或井然有序，或静谧幽静，但不管如何，其终由一个个具体的“景点”组成，这些景点与整个场景是和谐还是失调，都可能作为放大的对象。见微知著、以小见大，便是这种路数。在于欢“刺杀辱母案”报道中，多篇报道选择侧重对案件过程中的细节描写，通过现场特殊环境的铺垫和关键情节的放大，触碰到社会痛点，勾引起读者情绪，进而获得相应的传播效果。

2. 背景运用

舞台表演后面有装饰精美的幕布，信息传播也有社会幕布。新闻事件既是社会的组成部分，也会对社会运行造成影响。同时，任何新闻事件与社会的关联性并非单一维度，这进一步增加了背景在新闻事件中的“重量”。

背景运用贯穿新闻生产全域。就报道策划而言，着重体现于通过与最新事件的有机结合，彰显事件的重要性和显著度。这种结合常见于两种路径。

一是宏观层面的结合。主要结合历史背景、时代背景、社会背景、文化背景等宏观维度，在宽宏的历史条件和社会框架中发掘最新事件的非同小可和意义非凡。从一定意义上讲，此处的最新事件是某个具有重要历史或社会价值的新闻的“触发点”或“代表处”。家喻户晓的内蒙古呼格吉勒图案件之所以具有独特的新闻价值，便是这个案例是“依法治国、依宪治国”战略确立以来，“司法有错必纠”机制实行以来的第一例，故而具有引导性作用和标志性意义。

二是微观层面的结合。主要结合事件中的人物、地点、时间等要素，在要素对比中挖掘要素间可能存在的相关性，进而发现事件之外的“弦外之音”或“幕后故事”。从这个角度讲，其实质上排除最新事件的孤立性和偶然性，试图找出规律性或必然性。依据六度空间理论，这样的“关系网络”往往并不难寻找，所以在这里需要强调的是，这里的“背景”必须要与最新事件具有实质性关系，甚至是直接关系，各种牵强附会的“拉郎配”不仅无助于新闻价值发掘，而且违背了新闻起码的职业道德。近年来，一些莫名其妙“躺着中枪”或“莫须有暴力影射”现象应引起我们的警觉。

3. 环境运用

新乐府运动倡导者白居易在《与元九书》中说：“自登朝来，年齿渐长，阅事渐多。每与人言，多询时务；每读书史，多求理道。始知文章合为时而著，歌诗合为事而作。”所谓“文章合为时而著”，乃为时事书写，为现实而作。但文章何时刊发传播效果会更好，除了内容本身引人入胜外，传播环境亦是不容忽略的影响因素。从传播艺术角度看，新闻需要讲究时效，也需要讲究时宜。

毫无疑问，这里的环境主要指媒介外部环境，尤其是外部时间环境和空间环境。这里的时间环境又分为两种情形：一种是可以借助时间点上的特殊性放大新闻传播效应，比如“五四”青年节来临时，可以策划一些与青年有关的报道。另一种是基于特殊时点而有意控制某类新闻的策划与报道，比如“六一”儿童节期间，尽量减少不利孩子身心健康成长的相关报道。这里的空间环境，指在特定条件下，新闻报道策划可能和可以涉及的“尺度”和“容量”。不少人想当然地认为环境因素往往会对新闻报道策划实施形成反制，但实际上好的新闻报道策划恰恰反其道而行之，不仅会“顺势而为”，而且会“借景抒情”。

五、舆论维度

新闻报道策划中的舆论维度，也可以称为互动维度。在新闻报道策划中了解与把握公众舆论，注重反馈与互动，对新闻报道策划的价值把握和受众认可有很大的帮助。舆论在具体的把握中，可以分为两类：①跟进事件初发舆论，引导议题；②预判社会舆论热点，做好报道。在新闻报道策划中要尊重事件初发舆论，强行进行议程设置可能与事件固有的舆论相悖，正确的做法应顺势而为，借力打力。

在利用舆论进行策划时要做到：利用议题设置与“用户体验”建构关系；利用舆论要重视互动与媒介的“融合”，要注意议题设置中因忽略事件初发舆论无法产生互动的问题；关系维护要具备互联网思维。当前的与舆论互动，媒体产品表现得比较初级，评价标准只有点赞量、转发量等几个指标，而优秀者对关系的维护是多维的、反复的。

（一）从社会舆论中发掘选题

伊丽莎白·诺尔-诺依曼认为，“舆论是我们的社会皮肤”。舆论不仅是新闻报道的结果，也可能是新闻报道的来源，从大众舆论中寻找议题是新闻报道策划的重要途径。

2016 年 6 月 30 日至 7 月 6 日，武汉出现连续强降雨，据气象部门数据，汤逊湖、南湖地区的几个雨量观测站的周降雨量均突破历史极值。在连续 7 天的降雨过程中，武汉多处积水满溢，尤其以位于武汉南湖西北角的南湖片区最为严重，7 月 7 日当天多个小区断电停水，积水超过一米，轿车没顶，居民需要趟水出行，周围超市内的食物和饮用水也供给不足。

南湖花园风华天城小区居民在 2016 年 7 月 7 日向武汉一救援队发出求救信：“小区居民几千人，目前小区居民因 1.5 米深的积水被困在小区内，没电、没水、没网，很多人处于失联状态。”南湖居民在网络上晒出了大水漫灌小区的图片，他们将自己所处的环境称为“孤岛”，引发舆论热议。

降水导致的内涝次生灾害严重威胁了武汉地区民众的生命财产安全。遗憾的是，域内媒体对民众的舆论反应不太强烈，《新京报》却顺应民声，围绕民众舆论策划议题，快速形成舆论热点。

7 月 6 日，《新京报》发表《我们的八个追问，关于这场千万人受灾的洪水》，提出 8 个问题并进行解答：今年为何会遭遇大面积洪涝灾害、为何长江中下游今年灾情最严重、跟 1998 年相比今年灾情有何异同、姗姗来迟的台风是否会加重洪灾、多站超警戒水位堤防能挡得住吗、什么情况开闸泄洪及居民生活如何保障、今年为何都是中小河流失守、灾后疫情防范个人应该注意什么。这些问题是大众急盼知道的，关于居民生活保障、个人如何防范灾后疫情等《新京报》都有详细的解答。7 月 8 日发布《武汉渍水围城背后：大肆填湖建房 20 年，水已无处可排》，阅读量突破 10 万，多家媒体进行转载，将关于内涝带来的灾情和舆情推向新的高潮。

《新京报》这次成功策划，就是充分观照了社会舆论，并将舆论转化为新的报道切入点。

（二）善用舆论反馈加强互动

从传播过程来看，大众传播特别是以报刊、广播、电视为代表的传统大众传播，属于单向性很强的传播活动。① 但在今天，媒介融合广泛发展，许多传统媒体也非常重视“两微一端”的运用，“两微一端”突破了传统大众传播中消息传者和受众间的界限，读者的反馈可以随时传达，互动变得及时便捷。在当下的媒体环境中，做好与舆论的互动是一项重要的工作。

2017 年 6 月 21 日，新华社官方微信发布了一则标题为《刚刚，沙特王储被废了》的消息，内容为：沙特国王萨勒曼 21 日宣布，废除王储穆罕默德 · 本 · 纳伊夫，另立穆罕默德 · 本 · 萨勒曼为新任王储。

---

① 郭庆光：《传播学教程》，中国人民大学出版社 2011 年版，第 65 页。

这则标题为九个字的消息非常简短，署名却有三个编辑，在留言中有读者提出质疑："就这九个字用了三个编辑。"这则反馈的点赞量突破 10 万，可以说反映了许多读者的疑问。新华社微信运营编辑非常及时并采用了调侃的语气进行回复："王朝负责刚刚，关开亮负责被废，陈子夏负责沙特王储。有意见???"此后这条回复点赞量达到 12.7 万。也有读者表示赞赏，留言反馈："差点以为看了假新闻，言简意赅，耐人寻味，新华社厉害了。点赞，double（双）赞。"微信运营编辑的回复非常贴近年轻人生活："三个编辑，double（双）赞不好分，triple（三）赞吧"，此处的 double、triple 是当下年轻受众在游戏和社交媒体中经常使用的说法。

刚刚，沙特王储被废了

新华社 2017-06-21

权威发布

沙特国王萨勒曼21日宣布，废除王储穆罕默德·本·纳伊夫，另立穆罕默德·本·萨勒曼为新任王储。

来源：新华社

监制：刘洪

编辑：王朝、关开亮、陈子夏

图 6-9　9 个字的快讯

新华社作为国家通讯社，其公众形象是严肃权威的，此次互动让读者对新华社的刻板印象缓解，从微信运营编辑的回复点赞量即可看出舆论对"国社"打破固有形象的认可。此次互动还登上新浪微博热搜，成为舆论热点。

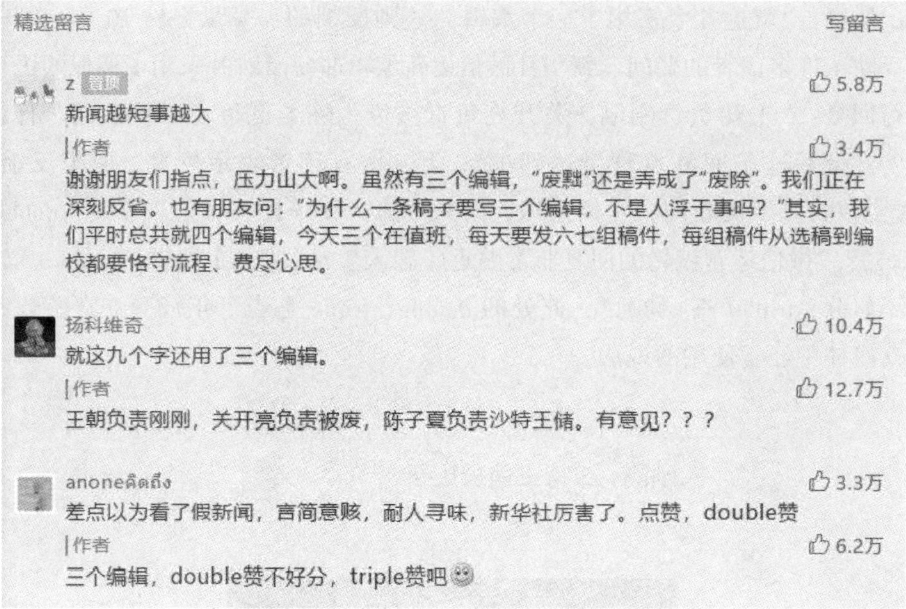

6-10　评论区反映

(三)巧用舆论借风借力

受多种因素影响，不少报道进行到一定程度或一定阶段时，常常会出现“后续”不知如何展开的困境或尴尬。特别是一些动态特征比较突出的事件性报道，因为事件缺乏明显的进展，中途很可能出现报道“断档”。

在此情形下，巧用舆论借风借力是可供参考的选项。一方面，前期报道已经在受众中形成印象，需要回收外部舆论；另一方面，社会舆论反映的问题则可称为链接后续报道的“中继”。因此，对舆论进行整理综合，借助舆论风力，既可增进媒介与受众的交互关系，又可推动报道向多维延展，不失为一石二鸟之策。

(四)抱团交互争取舆论合力

在舆论维度中，媒体间的共鸣效应十分重要。独家新闻日益稀缺乃不争之事实，独到报道也愈发艰难。在“开放和共享”的媒介新环境中，向其他媒体适时适度开放报道资源，媒体间加强交互密度，最终形成舆论合力，是新闻报道策划应该争取的目标。实际上，大量优秀报道之所以能产生广泛社会影响力，并非某家媒体一家之功，很大程度上得益于众多媒体的“齐声合唱”。

【思考题】

1. 开展新闻报道策划有哪五个维度？
2. 如何理解空间维度？
3. 如何理解关系维度？
4. 如何理解情境维度？

第七章　新闻报道策划实施的环境建构

一、新闻报道策划方案制定和实施追求集体协同

新闻报道策划是有组织性有计划性活动，其组织性不仅表现为主观有意，而且其完成过程绝大多数时候也表现为团队协作和集体合成。

1. 新闻报道策划大多是集体智慧碰撞的结果

从运行实际看，新闻报道策划往往是参与主体智慧火花或灵感发酵的共同结晶。现实生活中，每个人对某件事情的认知必然具有相对局限性，虽然一般性新闻报道的策划由一到两个人就可以独立完成，但遇到重大新闻事件或者是追求更佳策划效果的话，需要聆听来自不同人士的意见和看法，甚至包括反对意见。

因此，新闻报道策划过程往往遵循以下线路：首先，针对信息的新闻价值大小做出评估，大家各抒己见，发表各自看法；其次，结合每个人的观点，逐步向新闻价值较大的新闻点集合归拢；再次，围绕最大价值点，丰富报道思路和角度；最后，由决策者拍板，形成整体策划方案。在这个看似并不复杂的过程中，话语权最初是分散的，每个人的意见都值得尊重，可能一些想法在他人眼里是天方夜谭、不可思议甚至莫名其妙，但就策划的完美性而言，最初的想法碰撞需要这样的业务环境和民主气氛。即便决策者具有高超的专业判断能力或者明显胜人一筹的想法，但就确保策划最终效果而言，集思广益既是不可或缺的必要环节，也是丰富决策者思路的重要途径。同时，集体性商讨本身就是一种报道执行动员，一旦共识形成，策划落实就会精准到位。

真正崇尚业务至上的媒介，记者们不仅敢于表达意见，而且善于据理力争。毕竟新闻价值判断所涉及的维度较宽，每个人对每件事的认知、感受和

兴趣点都难以完全一致。因此，媒体内部民主讨论的风气和环境对新闻报道策划而言，具有保障性意义。当然，这并不意味着每一次最终的策划方案会完全吸收每个人的观点和意见，但从来也不能将新闻报道策划限定于某些特定人士的“话语专利”。最终方案确定后，所有落实者需要尊重方案的权威性和整体性。

2. 新闻报道策划需要团队认识一致性

这个过程有点类似于政治生活中从民主到集中的环节，即新闻报道策划方案在制定过程中鼓励有不同的意见和观点，但策划方案一旦形成，新闻价值点一旦明确，整个执行系统必须充分遵从和无折扣落实策划方案。否则，可能导致价值点失焦，无法保障预定传播效果。这并不是说初始策划方案不应变更或不可能变更，而是强调对策划方案必须要有认知共识，即认识上的一致性，即便有些人可能并不完全认同，但也不能由着自己的性子天马行空、特立独行甚至一意孤行、为所欲为。实际上因为具体情况的变化而变更策划方案不仅属于常态，也是必需的步骤，一旦出现策划方案调整，同样必须充分依照调整后的新方案一丝不苟地执行。

3. 新闻报道策划需要团队执行的一致性

在由认知转化为行动的过程中，任何细小的观点改弦更张，或者哪怕落实意志的不协调，都可能让整个新闻报道策划南辕北辙，甚至无功而返。在一个团队内部，应保持行动上的一致性，策划团队应建立在透彻了解和把握策划本意基础之上。特别是对待多次发生调整的新闻报道策划方案，因为有可能前功尽弃，所以尤其需要保持行动上的充分一致。

正因如此，针对重大事件或活动的新闻报道策划执行，设立专门的统筹人或联络人颇为必要。这种岗位对于减少内部沟通成本、提高运转效率往往具有突出功用。

二、新闻报道策划内部环境营造

新闻报道策划具有典型的专业实务特性，因而往往被视为新闻生产的某项技术。至少有两个方面的原因固化了这种认识：一是对于新闻的定义以及对主体性的“我”在新闻生产中的角色理解差异，有人始终坚持认为应减少对新闻报道的任何干预，包括报道视角、方向和议题。二是认为新闻报道策划只是把关人的职责和任务，是媒体“上层”思考的事情。

实际上，新闻报道策划能够被人当做“传播的灵魂”，本就充分表明了新闻报道策划的重要性、复杂性和系统性。虽然在日常实践中，策划方案最终由把关人来定夺，但关于策划本身，贯穿于从记者、编辑、部门负责人到总编辑的整个生产链条。因此，内部环境和谐至关重要，甚至可以说是保证策划成功的基本前提。

新闻报道策划内部环境营造包括四个层面。

一是对于新闻报道策划意义的深刻认识。新闻报道策划意识受制于新闻从业者知识体系、职业位置、从业经历等多种因素，不同岗位和层级的员工对新闻报道策划的认知和感受存在差异，对参与策划的兴趣也大相径庭。为此，可从强调多元背景下价值判断的重要性入手，结合新闻判断的敏感性、及时性和精准性，促进新闻报道策划常态化、规范化，促成新闻业务单位将新闻报道策划视为基础性业务行为。同时，辅之以相应激励手段，鼓励在讨论和碰撞中集思广益，寻找价值共识，制定和完善策划方案。另外，需要发扬价值判断“传帮带”传统，做好专业化辅导培训，将新闻报道策划能力提升设定为专业化生产的必备工序和刚性要求。

二是内部创新创意文化养成。策划是复杂的创意性活动，只有良好的创新文化才能激发创造性思维，激活创新性土壤。新闻报道策划媒体间水平差异，往往非专业水平因素导致，更多取决于内部文化氛围。一些媒体长期忽视新闻报道策划文化培养，一些媒体对好的创意缺乏激励驱动，久而久之，员工慢慢习惯于按部就班和平平庸庸。

三是对新闻报道策划行为的积极拥护。新闻报道策划有利于提升报道影响力和传播力，无论对报道者个体还是对媒介组织，都具有积极意义。因此，用户参与新闻报道策划业务活动，忠实执行策划方案，本身就是应该遵循的职业行为。但在具体执行过程中，往往会发生打折现象。

四是对于新闻报道策划效果的客观评价。新闻报道策划效果检验需要实事求是，一分为二，既不宜将新闻报道策划功效吹上天，视作化腐朽为神奇的救命稻草，也不能简单地否定新闻报道策划的作用，认为新闻报道策划可有可无、作用有限。随着媒介设备和技术的进步，传播效果检测可量化工具和指标逐步成型，这为新闻报道策划效果客观评价提供了新的途径。

三、新闻报道策划外部环境争取

先讲个案例。

2011年，湖北一家媒体陆续接到读者来信，反映神农架地区小型水电站野蛮生长，多达100余座，对当地生态造成破坏，导致四大河流大面积断流。

神农架是国家级自然保护区，被誉为“华中屋脊”和“华中之肺”。长期以来，无论是国家层面还是湖北地方党委政府，对神农架地区都坚持“生态保护第一”的发展方针。因此，大规模小水电站过度掠夺有限水资源，导致生态失衡的行为必须得到制止。

常规思路是深入现场采访和调查，借助一手材料来揭露和批评当地少数人利欲熏心、林区政府监管失察。实际上，当时大多数跟进报道的媒体也是这么操作的。

但湖北这家媒体在进行报道策划时，将一个更深层次的疑问纳入思考范围，即这个问题背后是否有鲜为人知的内幕？为什么这种行为能够在当地政府眼皮底下堂而皇之地发生？

很快，内幕交易、寻租行为等猜测都被否定，但一个更复杂的社会现实摆上了案头：因为长期承担生态环境保护之责，神农架林区不许进行工业化开发。为补偿神农架林区的付出，国家财政每年都会进行专项转移支付予以补贴和奖励，但其数额毕竟有限，当地居民守着一座宝库却不能对其充分开发利用，久而久之，当地居民和政府对经济发展的冲动与国家规定的生态保护之间产生了冲突。在这场冲突中，居民和地方政府在追求现代化发展红利方面达成了某种心照不宣的默契。

鉴于神农架林区的遭遇并非个别现象，报社对报道策划方案进行了重新调整，核心议题设置为以神农架林区小水电站泛滥造成生态受损为切入口，探讨如何有效协调我国现代化进程中，地方发展经济的强烈冲动与生态环境保护使命之间的矛盾问题。

由于在焦点议题设置上的认识差异，许多报道启动时停留于对具体个案的简单曝光。结果，此举至少产生多重后果：一是被报道对象认为报道视角有失偏颇，报道动机是故意找碴，以致整个报道被直接喊停。二是报道不能向深度展开，核心议题尚未抛出，报道被动成了“烂尾工程”。三是报道效果不达预期，个案问题未能解决，全国性的同类问题更未涉及。

这个案例充分说明，新闻报道策划虽然是媒体内部活动，但策划方案落地执行和最终完成，也需要观照媒体外部环境，是两个环境协同的结果。不少优秀的新闻报道策划最终胎死腹中，或者中途夭折，与外部环境具有极为紧密的关系。

外部环境争取主要包括两个方面。

一是最大程度获得外部相关力量的支持、理解或谅解。这里的外部首先指方案中涉及的所有对象，包括具体的自然人、法人或其他组织机构。策划方案是媒体个性化产物，内含媒体意志和想象，其最终完成需要报道对象的支持与配合。但方案是否合乎别人的心意、是否强人所难、是否为人所拒，并不一定符合预期。方案开始执行前，一般会动用必要的社会资源进行沟通，避免方案悬在高空无法落地。

二是外部高级监管机构的支持同样不可或缺。因为社会站位、思考问题角度以及信息对称程度差异，一些媒体的策划方案很可能会遭遇有关监管机构的介入和干预。一般而言，方案制定时就应考虑到这种情形以及说服方式，预备最合适的理由和最充分的依据。当然，在策划方案技术操作上应尽可能减少中途被叫停的几率，防止半途而废。

【思考题】

1. 如何理解新闻报道策划是集体智慧碰撞的结果？
2. 新闻报道策划内部环境营造主要包括哪些层面？

第八章　媒体融合与新闻报道策划

“媒体融合”(media convergence)最早由尼古拉斯·尼葛洛庞蒂提出，但为大家所熟知则源于20世纪80年代美国马萨诸塞理工大学普尔教授的设想，意思是指各种媒介呈现出多功能一体化倾向。蔡雯教授将其引进国内，刚好与互联网建构的新媒介环境产生了共振共鸣，导致这一概念有机融洽于中国媒介转型实践，在社会大众中迅速普及开来。

与媒体融合同时使用的还有一个名词：媒介融合。从本质上讲，媒体融合与媒介融合还是存在些微不同。媒介只是一种物理性或技术性的介质或载体，而媒体在此基础上还有内容体系。

在日常生活中，大家常将媒体融合和媒介融合混用，大家并不特别执拗于两者间的区别，而是在意其他更有趣的系列问题，比如为什么媒体融合这个词在中国的热度一直不退，媒体融合到底是不是一个真实的学术命题，媒体融合的基本路径是什么，媒体融合完成的标准是什么……

媒体融合对新闻报道策划有什么影响也属于问题之一。

一、媒体融合之变与不变

媒体融合可以看做落后形态媒介主动寻求对接先进形态媒介的自我调整。具体地说，就是传统媒体向移动智能媒体进阶转型。毫无疑问，在这场“横向到边，纵向到底”的系统性变革中，大量传统新闻业务生产方式将被扬弃，部分新闻理论将失去说服力。简而言之，新闻理论和实务都面临与时俱进、创新发展的现实使命和压力。

但同时也要注意，一些直接进入互联网媒介工作或研究的相关人员，因对传统媒体的无知和对媒体进化史的无视，容易不分青红皂白将传统媒体的所有经验全盘否定，将其做法打入冷宫。

这种客观状况，一定程度上加剧了新闻生产和传播的失序和混乱。在新闻报道策划问题上，需要充分观照各类媒体优劣，理性客观分析媒体融合转型带来的改变与不变。

(一)改变

目前，媒体融合主要包括两条路径：媒体+互联网与互联网+媒体。前者以原有媒体为中心，互联网是加装的“翅膀”，本质上将互联网看成技术要素。后者则以互联网为中心，原有媒体被视为互联网有机体中的一份子，属于新型媒介生态系统中的一部分。

两种路径的取向明显不同。因为互联网及其伴生品嵌入，新闻生产与传播的逻辑和方式等，都会发生相应变革。

1. 新闻生产技术改变

我国新闻内容生产一直实行较清晰的“分业”模式，不同形态媒体间设有“隔离带”，视听媒体少有涉及平面媒体，平面媒体也难以向视听媒体跨越。在分业经营原则背后，因内容制作方面的“井水不犯河水”，媒介生产技术也难以跨界使用。但互联网平台模糊了传统“边界”，融合新闻促使技术“壁垒”得以消除。尤其像人工智能、大数据、算法等技术，出现了明显的与媒介形态脱钩特征，表现为全媒体使用与适用。技术变革为新闻报道策划特别是策划实施提供了更为有力的保障，主要表现为以下三点：一是策划方案中可能涉及部分人工难以或不便抵达的现场，技术进步有效弥补了这一缺陷，从而帮助克服因客观因素导致的生产限制，使得策划可发挥空间更开阔，方案执行更彻底，议题调整更迅捷。二是技术进步有效提升了信息回馈速率，便于内容供给方与消费方及时多向互动，从而提升了动态性议题设置的效用性。三是在部分领域可以使用一些人工智能操作，不仅有助于节省劳动力资源，更重要的是大幅提高了新闻的时效性。相较于人工，机器写作在资讯部分，已经表现出一定的比较优势。而且，其浸入的范围在稳步扩大。

2. 新闻传播方式改变

这方面的研究数量众多，视角多元，成果丰硕。作为世界智能移动互联应用的领先者，中国堪称全球新兴媒介试验场。传播技术革命，是新闻传播手段更新的基础和动力。人人都有麦克风，人人都是传者和受者，人人都是信息流动的桥梁，人人可以掌握不同的传播工具、运用不同的传播策略。在名副其实的“网状”结构中，新闻信息传播不再由垄断性媒体单一和单向传播，受众的身份走向复合化，“去中心”“去单向”“去被动”成为传播革命性变革的关键词，多向度、多维度、自主性、个性化等高频词建构了新的传播方式样貌。在这场前所未有的深刻裂变中，每个个体在由新闻受众转向为新闻生产与传播、分发者的同时，实质上也完成了自身成为新闻报道策划者的转换。身份转换看似无关大雅，实则意义非凡，因为从供给侧和从需求侧看待问题的视角会发生明显变化，对新闻的理解和对议题的把握也会迥然不同。

3. 新闻传播效果评估改变

一是评估指标体系重新搭建，关系度、认可度和分享度的指标性意义脱颖而出。二是评估方法发生改变，过去的经验判断和主观决断逐步退出舞台，取而代之的是实时可量化数据。三是评估结果“回路”变得直接简单，由可能存在的“暗室”转为公开透明，一篇文章的评价同时呈现于所有受众面前。传播效果检验方法和指标变革在选题价值判断、关键议题确定、叙事策略和媒介使用等方面都会产生不同程度影响，进而影响到新闻报道策划的整体方案制定和实施。

（二）不变

北京大学国家发展研究院 BiMBA 商学院院长陈春花教授认为，在数字化生存时代，技术普及步伐加快，行业调整瞬息万变；与此同时，组织寿命、产品和服务的生命周期及争夺客户的时间窗口都在急剧缩短。但在企业经营中，也有一些不变因素：第一，唯一确定的是顾客价值。第二，唯一确定的是你自己。

这种感知和判断并不限于企业，传媒行业有着同样的深切感受。

从媒体融合内容看，涉及内容融合、技术融合、管理融合、渠道融合、商业模式融合等诸多领域和环节，但无论新兴技术如何突进，无论媒体融合如何推进，也无论媒介环境如何衍变，新闻价值必备的标准要求没有降低，新闻价值内涵的素质要求没有降低，新闻应该具备的功能要求没有降低。概而言之，新闻价值判断的核心要素并未改变，新闻价值发掘目标没有改变，新闻美学的判断标准也没有改变。基于价值体系的稳定性为新闻报道策划制定和执行提供了可靠保障。

在媒体融合大背景下，新闻报道策划对于创造性和创意性的追求不仅没有减弱，反而愈加重视和在意。从互联向移动互联、智能移动互联的“三级跳”中，信息共享成为常态，独家新闻几率越来越小，取而代之的是独到新闻比拼。所谓的独到相当程度上源自策划，因而策划活动本身并不会有任何变化，变动的只是策划手段和践行方式而已。

二、媒体融合与传播再中心化

2020 年 9 月 26 日，中共中央办公厅、国务院办公厅印发《关于加快推进媒体深度融合发展的意见》(以下简称《意见》)。《意见》从重要意义、目标任务、工作原则 3 个方面明确了媒体深度融合发展的总体要求，要求深刻认识全媒体时代推进这项工作的重要性紧迫性，坚持正能量是总要求、管得住是硬道理、用得好是真本事，坚持正确方向，坚持一体发展，坚持移动优先，坚持科学布局，坚持改革创新，推动传统媒体和新兴媒体在体制机制、政策措施、流程管理、人才技术等方面加快融合步伐，尽快建成一批具有强大影响力和竞争力的新型主流媒体，逐步构建网上网下一体、内宣外宣联动的主流舆论格局，建立以内容建设为根本、先进技术为支撑、创新管理为保障的全媒体传播体系。

传播再中心化具有内在和外部双重意愿。经过信息大爆炸浸染，社会对虚假信息、垃圾信息、无效信息的容忍度逐渐下降，对真实信息、品质信息、有效信息的需求逐步爆发。早在 1996 年 1 月 3 日，比尔·盖茨就在微软官网上发表了一篇文章，标题就叫《内容为王》。在信息供给滥竽充数的情境下，内容生产走向规范化和专业化、讲究权威性和责任感，必然是大势所趋和时代呼唤。理解媒体融合的深远意义需要跳出从媒体生存发展的低矮视野，上升到国家治理体系建设上来深谋远虑。再中心化对传统主流媒体而言，不仅意味着凤凰涅槃后的再生，或者至少获得了一次再生机会，更重要的是可以有效引导社会舆论，掌握话语权力分配。正因如此，媒体融合问世伊始，便上升为国家战略。按照《意见》确定的融合方针和推进路线，传播再中心化过程极大可能会全面加速，而且经由与“移动互联”深度融合，传统主流媒体有望蝶变为新的主打传播平台，在新的传播体系中继续扮演主导者角色。

新闻报道策划好比“中心化媒介”工具箱中的扳手，可以扭动每个螺丝，牵扯更广泛的注意力。在新媒体时代，议程流动呈现多向性，新媒体借助自身优势形成公众自己的议程，通过公众的大量分享、转发、评论等可能被传统媒体所关注，进而转化为显著议程。但就像议程设置理论创始人麦库姆斯认为的那样，传统议程设置功能在网络环境下受到的冲击是有限的。只要议程设置的功能受到的影响不大，新闻报道策划的影响同样不会太大。实际上，近年来风生水起的网络议程设置已成燎原之势，不过是转换了空间而已。

三、媒体融合对新闻报道策划的影响

对于媒体融合的学术讨论一直高涨。随着《意见》发布和融合再度加力，预计媒体融合实践会进入新的热度。

在这场事关传统媒体生死的关键转型中，媒体融合对新闻会产生哪些影响呢？

第一，媒体深度融合拓展了新闻报道策划参与主体，新闻报道策划跨形态实施有望成为常态。特别是人工智能技术的接入大大丰富了新闻生产方式。AI时代的内容生产将是OGC（职业内容生产）、PGC（专业内容生产）、UGC（用户内容生产）、MGC（机器内容生产）、IGC（人机协作的智媒内容生产）共存的时代。①

第二，媒体融合为新闻报道策划拓展了技术支撑和落地场景，议程兑现的技术拱卫能力进一步加强。智能化、移动化、大直播等技术优势使大量停留在大脑中想象的创意成为现实，一些曾经想都不敢想的议题可以通过技术性手段来完成。

第三，媒体融合对新闻报道策划既提高了时效性要求，也提供了时效性保障。一方面，以日为出版周期的传统平面媒体和以小时为刊播单位的传统视听媒体，在融合发展大背景下，必须提高新闻生产和到达的时间效率，相应策划活动也必须全面提速。另一方面，精心组织的策划活动也会以最快的时效得以贯彻执行，让用户在第一时间能感知策划红利。

第四，媒体融合有助于新闻报道策划效果最大化。一方面，融合平台可以充分利用不同媒介间的叙事方式和风格，创新文本表达范式，增强报道的可读

---

① 彭聪：《智媒时代下的新闻创新与媒体融合——2019年两会新媒体报道观察》，《今传媒》2019年第8期，第38页。

性和可议性。另一方面，还可利用融合平台，加强与用户互动频次和内容，满足各类受众表达需求，从而提高报道分发机会和效果。

第五，媒体融合对媒体策划必须坚守的原则提出了更高要求，融合不能成为策划新闻的任何借口。因此，需要防止新闻报道策划原则在不同媒介间存在理解和执行差异的现象，避免“劣币驱逐良币”行为的发生。

【思考题】

1. 媒体融合对新闻生产与传播带来哪些变化?
2. 媒体融合对新闻报道策划具有哪些影响?

第九章　全媒体时代的新闻报道策划

随着信息技术、通信技术和网络技术的发展，人类接触媒介和使用媒介的方式发生了革命性变化。在“数字化媒介社会”①环境下，“全媒体”概念应运而生。在传媒实践层面，伴随着传统媒体与新媒体的融合，媒体逐渐从单一形态走向全媒体形态，并不断向媒介融合纵深处发展。全媒体的发展改变了原有传播模式，改变了媒介与受众之间的关系，也为我们理解新闻报道策划提供了一个新的视角。可以说，全媒体时代的新闻报道策划发生了很多新的变化，唯有认识、理解和把握这些新变化、新要求，才能提升新闻报道策划能力，更好地满足受众的需求。

一、重新认识“全媒体”

无论是作为传媒实践中的一个名词，还是新闻研究领域里的一个术语，“全媒体”一词都已经为人们所熟知。在本章的第一节中，我们还是需要从最基本的概念出发，系统梳理全媒体的发展过程、主要特征和传播规律，辨析对全媒体在认识和实践中的误区。更为重要的是要在新闻报道策划的视域中重新认识“全媒体”，并探讨作为传播背景的“全媒体”对新闻报道策划实践活动的影响。

（一）全媒体概念的内涵

“全媒体”作为一个专有名词，最早出现于 1999 年 10 月在美国成立的玛莎-斯图尔特生活全媒体公司（Martha Stewart Living Omnimedia，MSO）的宣传文案中，这是一家包含杂志、书籍、电视节目、广播节目、报纸专栏和网站在内

① 姚君喜、刘春娟：《“全媒体”概念辨析》，《当代传播》2010 年第 6 期，第 13~16 页。

的全媒体公司。2000 年 1 月，网络业巨头美国在线收购时代华纳之后成立了新的美国在线时代华纳公司，新公司业务涵盖了电影电视制作、电视传播、网络、音乐制作与发行、有线电视传输等几乎所有的媒体领域，这样的运营模式被称为“全媒体运营”。在我国，全媒体的萌芽最早可追溯到 2007 年 6 月《广州日报》成立的滚动新闻部，这是一个专门针对报纸、手机和网站进行“联动发稿”的专业部门。2008 年 7 月，我国经新闻出版总署批准试点的首家全媒体采编系统在烟台日报传媒集团正式上线运营，标志着传统媒体向全媒体转型跨出了实质性的一步。

图 9-1　人民日报全媒体矩阵图

可见，全媒体的概念最开始是出现在传媒实践领域的，是伴随着作为数字媒介技术平台下的媒介融合而出现的概念。当其在传媒业界被认可并得到广泛应用时，新闻传播学界便开始对全媒体这一概念有所关注并开展了一系列研究。

关于全媒体的内涵，较有代表性的说法一是以中国人民大学彭兰教授为代表的“媒介运营说”，即认为“全媒体是指一种新闻业务运作的整体模式与策略，即运用所有媒体手段和平台来构建大的报道体系”，该观点更多地是把全媒体看做一种新的媒介运营模式，其基本特点就是媒介内容生产和媒介形态之间的融合。① 另一种比较有代表性的说法是“媒介形态说”，即将全媒体看做媒体走向融合后的“跨媒介”产物，该观点认为全媒体的本质是将各类不同的传统媒介形态进行整合，从而产生一种全新的综合性的媒介形态。第三种观点则将全媒体看做一种全新的媒介营销管理观念，即“媒介营销说”。该观点立足媒体营销，认为全媒体是建立在媒介融合基础上的一种营销策略，其中既包括整合性的内容生产平台的创建，也包括相同媒介内容在不同传播平台上的组合使用。

根据上述几种观点对全媒体内涵的认识和剖析，我们可以尝试将全媒体定义为：全媒体是在以信息技术、通信技术和互联网技术为代表的新媒介技术快速发展的前提下，在具备文字、图形、图像、动画、声音和视频等多种媒体表现手段基础之上，进行传统媒体与新媒体等不同媒介形态之间的融合，产生质变后形成的一种全新的传播形态。

（二）全媒体时代新闻传播的特征

基于新媒介技术的全媒体传播，代表的是一种全新的信息生产方式和全新的传播观念，在新的传播环境中必然呈现出新的传播特征。

首先，全媒体传播是集成式的传播。全媒体的出现，结束了媒体以往“单打独斗”的场面，从各个层面对现有媒介形态进行了整合。从传播媒介来看，全媒体传播将报纸、杂志、广播、电视、影像、出版、网络、手机等各种媒介集合在一起共同传播。从传播手段上看，全媒体综合运用多种传播符号，共同

① 彭兰：《媒介融合方向下的四个关键变革》，《青年记者》2009 年第 6 期，第 22~24 页。

诉诸人类的听觉、视觉甚至是触觉和嗅觉，带给人们全方面多角度的全觉感知体验。从传播技术上看，全媒体传播不仅将传统的纸质印刷、广播调频等技术保留下来，还吸收了通信技术、数字技术、互联网技术、5G 技术、大数据与云计算、VR/AR 等全新技术，不断将新技术产生的新媒介形式纳入自己的传播体系。

其次，全媒体传播全面满足了人们对信息获取和分享的需求。从用户角度来看，全媒体传播中的“全”字首先体现在对受众信息获取与感知的全面覆盖上。全媒体通过整合目前人们普遍使用的各种传播媒介形态，不断实现和满足人们对于信息感知的各种途径和方式。通过对信息的全方位、多角度展示，全媒体不仅可以将信息的各个方面全面地呈现出来，同时也使得人们对信息有可能实现最全面的感受和认知，从而满足了人们对信息全面接收和感知的基本需求。同时，以强互动性、高传播率、广覆盖面为特征和优势的移动新媒体的加入，还满足了受众对于信息的分享需求，拍摄、上传、评论、转发、点赞等功能使用户全面参与到了信息的生产与传播环节中，也真正实现了从“受众”到“用户”的转变。

最后，全媒体传播实现了对用户市场的超级细分。在全媒体时代，受众的身份发生变化，由“受众”变为“用户”，这一变化的本质在于传播对象从“全面、模糊”到“准确、细分”的过渡。在全媒体时代，用户不再只是被动地接收信息，而是主动获取。在互联网平台上，用户还作为内容的生产者加入到了新闻信息的传播过程中。除此之外，用户与受众的不同还体现在信息消费需求的个性化方面，对于媒体来说，准确把握住不同用户在内容上的偏好，才能吸引其注意力，并与之建立关系。而全媒体传播则可以实现对用户市场的精准化细分，通过分析细分中的用户需求，提供精准化、个性化的服务，从而满足不同用户对信息的需求。在全媒体传播中，媒体首先会针对用户的不同需求类型，选择最合适的媒体形式和渠道，以实现最佳传播效果。对于媒介内部，“全媒体”传播平台的信息内容可以有各种表现形式，但同时也会根据不同用户的个性化需求，以及信息表现的侧重来对采用的媒体形式进行取舍和调整。这样一方面实现了信息内容的全面呈现，另一方面也实现了对用户需求的个性化满足。

全媒体是人类传播史上的又一次进步，它不仅代表着一种新的传播观念，还是一种新的媒介形态。全媒体通过先进的技术和高度的整合，以精准化和个性化的服务最大程度地满足了用户的需求。

（三）从新闻报道策划视角认识“全媒体”

全媒体的实质是一种媒介融合，在全媒体时代，传统媒体与新媒体之间将从内容、渠道、平台、技术、用户等各个方面展开深入融合。为了更好地满足用户需求、获得更好的传播效果、增强核心竞争力，全媒体背景下的新闻报道策划能力日渐成为各种媒体及媒体人必备技能之一。但在实践过程中，也出现了一种策划认识上的误区，即简单地将全媒体理解为“媒体包”，而没有深入全面地领会全媒体视阈下新闻报道策划的内涵和实质。

全媒体并不仅指媒介形态上的包罗万象，而是涵盖了媒体运作的各个层面，从内容生产到渠道选择再到互动交流，全媒体更多地是一种融合式的分工与协作。因此，并不是将报纸、广播、电视一类的传统媒体和网络媒体、移动媒体一类的所谓新媒体统统整合在选题策划之中，把所有的媒体形态都包裹进去进行简单的全渠道传播，就是全媒体新闻报道策划。相反，依据选题的性质和内容、目标用户群体媒介使用习惯等的不同，每一个全媒体背景下的新闻报道策划都会呈现出自己的独特要求。另外，在同一个新闻报道策划选题的不同阶段，全媒体的传播策略也会发生变化。比如说，在新闻事件的起始阶段，需要互联网快速广泛的传播力为新闻事件造势，以吸引更多用户的关注，这时候微博、微信、短视频平台为代表的社交媒体就是策划时主要针对的媒体形态；当新闻事件具备一定的影响力之后，就需要通过报纸、电视一类的传统媒体进一步吸引人们的注意力，并对事件进行深入的报道和解读；当新闻事件的发展接近尾声，则需要根据整个事件的发展情况有选择地进一步策划，以深化新闻事件的价值和意义。当然，这只是从渠道策划的方面来分析，在策划实践中，通过什么样的符号进行传播也非常重要，比如，移动新媒体时代更适合用语音或者短视频的形式进行传播；“读图时代”人们更喜欢看报纸上的图片而不是文字；对于城市公共媒体来说，听觉传播的效果要远远好于其他形式，等等。

总而言之，全媒体策划中的“全”并不一定要包罗万象，而是要根据所策划选题的实际需要，在相应的传播阶段选择恰当的传播渠道、传播平台和传播方式。从这个意义上来讲，全媒体时代的新闻报道策划看似让策划工作拥有了更加丰富的施展平台，但实则是给媒体工作者提出了更高的要求，它不仅需要策划者具有敏锐的观察力和洞察力，还需要精确的分析能力和把握能力，只有非常熟悉全媒体的传播特征和优势，把握住全媒体传播的规律，才能充分运用和发挥全媒体的作用，为新闻报道策划服务。

二、全媒体时代对新闻报道策划的新认识

通过对全媒体概念、内涵及其发展的梳理，尤其是从新闻报道策划的视角看待全媒体的分析之后，我们认识到全媒体不仅是新闻传播发展到一定阶段的新产物，更将成为一种媒介环境，深刻影响着新闻传播实践活动。要厘清全媒体时代的到来对新闻报道策划活动的影响，就要从这一新的媒介环境所出现的新变化谈起。

（一）全媒体时代的主要特征

理解全媒体时代新闻报道策划活动的前提，是要充分认识全媒体时代的新特征，以及它不断演变向前发展的趋势。

第一，技术的快速发展迭代使全媒体发展更加迅速。可以说，技术进步是全媒体产生的基础。信息技术、通信技术以及移动互联网技术的不断发展，使媒介之间相互融合成为了可能。尤其是移动互联网技术的诞生和发展，更是进一步突破了媒体的时空限制，创造了真正的"无远弗届"。从早期的以 PC 电脑端为代表的网站、博客到现在的以移动网络媒体为代表的"两微一端"加"一抖"，技术的发展不仅丰富了媒介的形态，为全媒体增加了新的传播渠道和终端，更一步步改变了受众的媒介使用习惯，变"受众"为"用户"，重塑了传播环境，改变了媒介生态。

第二，全媒体时代媒介融合不断向纵深发展。全媒体的"全"字首先体现在对各种媒介形式的整合上，从以报纸、广播、电视等为代表的传统大众传播媒介到以网站、微博、微信、网络客户端和短视频平台等为代表的新兴网络媒介，就是这种纵深发展的显著特征。但值得注意的是，全媒体并不是各种媒体单纯的相加或组合，而是强调各种媒体形式的互补共存和有机结合。这种各种媒体之间的融合，不仅体现在内容的生产和传播上，还包括各媒体之间的统筹安排和相互配合。换句话说，也就是全媒体是一个系统性、完整性的传播样态。随着媒介融合步伐的不断加快，各个媒体的全媒体发展战略实现突破性进展，不仅突破了简单的信息传播渠道的简单叠加，更是从新闻内容采集与分

发、新闻报道活动策划与开展、媒体运营与发展等各个层面相加相容，使媒介融合不断向纵深发展。

第三，全媒体时代不断在动态变化中前进。在媒介新技术和社会发展共同的推动下，全媒体的形态并不是一成不变的，而是处在一个动态发展的过程之中。曾经的“新媒体”在媒介发展的潮流中很快会受到新的“新媒体”的冲击。从媒介进化的角度来看，每一种新的媒介形态的出现并不会取代已有媒介，而是会成为对已有媒介的补充。例如，电脑的普及使网络媒体成为传统大众媒体的有力补充，手机等移动媒体的普及使信息传播速度更快、范围更广、互动效果更强。可见，每一种新型媒体的出现都为全媒体发展注入了新的活力，并补偿了既有媒介的弱势和缺陷。当前，伴随着 AI、VR、5G 等新技术的发展，全媒体的形态仍将继续发生变化。因此，在研究全媒体发展的问题上，我们也应以动态发展的眼光来看待。

（二）技术革新赋能全媒体新闻报道策划

随着移动智能手机和可穿戴设备的普及，我国社会进入了移动互联网时代，“移动性”成为这个时代最主要的传播特征。2020 年 4 月 28 日，中国互联网络信息中心（CNNIC）发布第 45 次《中国互联网络发展状况统计报告》（以下简称《报告》）。《报告》显示，截至 2020 年 3 月，我国网民规模为 9.04 亿，互联网普及率达 64.5%。全媒体时代的到来让传统媒体、网络媒体和移动媒体更深入地融合在了一起。移动性意味着传播跨越时间和空间的限制，实现了共时空化，用户随时随地接收信息、转发和分享信息的需求和行为，也让全媒体时代的新闻报道策划更加重视技术的重要作用。

大数据、云计算、AI、AR、VR 以及当下最受瞩目的 5G 等一系列先进技术，正在越来越多地运用到全媒体策划之中。通过大数据和云计算强大的数据收集和分析能力，在进行新闻报道策划时，可以很好地洞察用户的媒体使用习惯和现实需求，更加准确地为用户提供服务。在技术进步的带动下，直播也不再仅仅是广播和电视媒体的专业技能，而成为全媒体时代新闻传播的必备手段。尤其是基于移动终端的各类直播活动目前已逐渐成为新闻传播的常态，也成为新闻报道策划的必备内容之一。通过不同终端的直播活动，用户可以没有“时差”地了解正在发生的任何新闻事件，大大提高了传播的时效性。而 AR、VR 等技术的使用，更是增强了用户的真实感和体验感。在近几年的大型新闻活动策划中，AR、VR 等技术都被放在了重要的位置，并为新闻事件的传播提供了很好的技术支持。例如，近两年的“两会”系列报道、纪念抗战胜利 70 周年阅兵报道等大型新闻活动中，VR 技术的运用给用户带来了全新的视觉体验，感受到的是一种身临其境的“沉浸式”传播。

网络媒体新浪新闻在 2016 年“两会”期间策划的“360°全景巡游人民大会堂”活动就是一个非常成功地利用新技术进行传播的案例。在时政新闻的采编和报道方面，与传统主流媒体相比，网络媒体并不具备什么优势。那么，如何在大型新闻事件中既掌握一定的话语权，又能够发挥传统媒体没有的优势，就成为策划中的重中之重。新浪新闻独辟蹊径，利用新技术，成功策划了一场让用户广泛参与的线上互动。“360°全景巡游人民大会堂”活动利用全景图片、H5、VR 等技术使用户可以全方位无死角参观人民大会堂，通过全景照片拍摄技术，全方位展示人民大会堂里里外外的各个场景，包括大会堂外、主席台、金色大厅、二楼记者席和外宾席等众多区域，再配合画面上相应的小知识，使用户对人民大会堂有了更深的了解。用户还可以通过拉近、推远画面，或者改变观察角度，以获得更加完美的体验。为了更好地突出网络媒体参与性强的优势，新浪新闻在活动中还策划了“角色扮演”部分，用户可以通过选择身份，感受不一样的体验。这些身份包括总理、省长、群众、记者、外宾、神秘黑衣人共 6 种，每种身份带来的体验和感受都不同，既满足了用户的好奇心，又增加了大家对“两会”的认识和了解。新浪新闻策划的这场活动，把看似遥不可及的“两会”会场搬进口袋，让用户可以随时随地，亲临现场，报道活动取得了非常好的效果。

不难看出，这样一场成功的活动背后需要的是策划团队周密且富有创意的策划。在全国性的新闻事件报道中，大量同质化的内容摆在用户面前，最难做到的其实是独树一帜。而新浪新闻在这场新闻活动中做到了，无论是全景照片、H5 活动页面还是角色扮演，新浪新闻的策划团队都抓住了时下最热门、最先进的技术形式，并巧妙地将其融入同一个产品之中，将“两会”的严肃高端和网络媒体的轻松娱乐很好地融合在了一起，既达到了会议应有的宣传效果，又让会议以“接地气儿”的方式走入了更多百姓的生活之中。新浪新闻策划的这场活动对我们充满启迪：媒介即传播，技术在一定层面上，显著地改变甚至颠覆着媒体的报道形式。我们在选择报道的技术手段时，要思考报道的内容是否与这一技术的特性相契合。技术是工具，而不是手段，技术的合理化运用可以更好地为新闻报道服务。

对一个阶段内同一新闻的历史纵向分析更加能够帮助我们看到技术是如何为新闻报道策划赋能的。每年召开一次的中华人民共和国全国人民代表大会和中国人民政治协商会议既是全球瞩目的新闻大事件，也是新闻业界的盛世。全国各家媒体，包括全世界各国的新闻媒体，不仅需要提前几个月就开始进行周密的新闻报道策划，还需要在保证新闻报道全面性、系统性的基础上推陈出新，呈现出自己的特色。在众多的策略中，技术运用的地位显得越来越重要。我们以 2015—2020 年的“两会”报道为例进行分析，深入探讨技术赋能为新闻报道策划带来的新变化。

2015 年的“两会”新闻报道策划初试“全媒体”报道的强大效果，以图文、音视频直播、网络访谈、“两微一端”、动画和小游戏为主。基于新媒体的发展，这一年的“两会”报道已经开始在手机媒体发力，实现了 PC 端与手机端同步上线。例如人民网设立了全媒体产品“中央厨房”，新华社推出了“两会新华全媒头条”等产品。这一年的“两会”新闻报道策划还出现了 H5 新闻产品，即互动类新闻产品被广泛应用，用户可以通过扫描二维码进入微信推广页面。

2016 年的“两会”新闻报道策划中最引人注目的就是新技术的加入：360 度全景相机、VR 设备等让新闻报道的视觉冲击力更强、视觉效果更佳。“两会”期间，《法制晚报》与腾讯新闻、虫洞 VR 联合进行 VR 直播和 VR 录播，通过 360 度全景新闻视频的形式，让读者在第一时间、身临其境地感受到了会议现场的气氛。这也是国内首次“两会”VR 直播。受互动新闻策划的进一步影响，结合网络文化的发展，除了互动新闻之外，数据与可视化新闻、表情包等也成为广受大家喜爱的“两会”新闻产品。

2017 年的技术关键词是：人工智能。在这一年的“两会”新闻报道中，除了经验丰富的各路记者冲在采访第一线外，还有人工智能机器人披挂上阵。2017 年的“两会”上，除了新闻写稿，人工智能的触角还伸向了“两会”新闻播报、大数据搜集分析、代表采访、天气播报等方面。多家媒体都派出了智能机器人参与报道。例如新华社派出的机器人 i 思、人民网有阿里云 ET 机器人、光明日报融媒体中心发布了“小明 AI”等。从这一年的“两会”不难判断，人工智能技术将在新闻报道策划、新闻报道领域承担越来越多的工作、发挥越来越重要的作用，而事实也正是如此。

2018 年的“两会”中，技术继续升级，让人眼花缭乱，以大数据+人工智能和 AR 为代表的智能媒体表现颇为亮眼。新华社的“媒体大脑”作为国内第一个媒体人工智能平台正式在“两会”新闻报道中崭露头角，这款提供基于云计算、物联网、大数据、人工智能等技术的八大功能，覆盖报道线索、策划、采访、生产、分发、反馈等全新闻链路的新媒体产品将人工智能在新闻报道领域的作用推入了深度领域。同时，这一年的“两会”中新华网还引入“Star”生物传感智能机器人，以科学的“读心术”描绘出观众在听政府工作报告时最真实的“情绪曲线”。这也是业界首次把情感交互技术应用于时政新闻领域。

2019 年的“两会”新闻报道，在技术的革新下再次呈现出新变化：5G、4K、机器人记者初亮相，AI、VR、AR 再升级。“两会”期间，在天安门广场、人民大会堂、梅地亚“两会”新闻中心、部分代表委员驻地等区域已经实现了 5G 信号覆盖，确保中外记者能够顺利完成采访、编发和传输稿件的任务。除了虚拟 AI 主播，这一年的“两会”新闻采编队伍中还出现了实体 AI 机器人。例如，中央广播电视总台首次启用机器人记者“小度”和专为“两会”服务的 AI 记者助理“小白”。此次参加“两会”的小度是专门为“两会”报道特别定制的机器人，在上岗之前学习和储备了很多有关“两会”的知识，小度智能“预测记招热词”将通过搜索全网相关的文章、网友评论和热搜，回答记者提出的问题，预测本场记者招待会的热词。“小白”则通过学习央视主持人白岩松的声音和语言习惯，已经具备了初步的“面对面”采访功能。此外，VR、AR 等技术在“两会”报道中的运用更加深入，全息媒体更是将“两会”会场立体呈现于观众眼前。

2020 年的“两会”新闻报道中 5G+智媒、AR 全息投影等技术的“组合拳”表现抢眼。“5G+智媒”成各级广播电视媒体“两会”报道“标配”，较之 2019 年“两会”报道中单一运用 5G 网络高速传输的特点，2020 年全国“两会”报道中，基于 5G 网络的多种智能化应用更加成熟且类型多样。中央广播电视总台将“5G+4K/8K 实时传输”和“AI 快速剪辑”合为一体，前方记者只需一个“5G+4K/8K”背包，就能实现两路 4K/8K 外景信号的实时传输，并将 AI 剪辑完成的超高清直播视频投放到央视新媒体平台和全国各大城市 40 多个超清大屏。此外，AR 全息投影技术让“网上见”成为“面对面”。没有了现场面对面采访，通过 AR 虚拟投影技术等黑科技开展的“云对话”“云访谈”也给观众带来了真实的在场感。黑龙江广播电视台应用 AR 虚拟全息投影技术，呈现与真人等比大小的“全息主持人”和“全息代表委员们”，打造“隔空千里，促膝而谈”的视觉效果。

从2015年的仅仅将PC端与移动端相融合，到2020年的各种黑科技加持，不难看出，在技术的快速发展和革新中，“两会”的新闻报道每一年都呈现出了跨越式的新变化。而这新变化的背后，其实是新闻报道策划过程中从思维方式到操作层面的一系列变化。毫无疑问，善用新技术、巧用新技术，为新闻报道策划提供了更多的可能性，也提升了新闻报道的质量，提高了传播的到达率和有效性，同时也提升了媒体的竞争力。

(三)传播终端多元丰富全媒体新闻报道策划

全媒体时代，传统媒体与新媒体深度融合，从开办网站到开设微博、微信公众号，再到推出独立的手机客户端，入驻短视频平台等，传统媒体完成了从单一的传播终端到多终端融合的历程。随着用户的消费习惯从传统终端向网络终端再向移动终端的转移，通过多种终端进行传播成为全媒体时代新闻报道策划的另一大新变化。传播终端多元化所带来的优势是显而易见的，基于不同终端特点所进行的不同内容分发，扩大了新闻事件的传播覆盖范围，满足了不同用户的需求，使媒体更好地与用户融合在一起。而移动媒体、社交媒体所具备的及时性、互动性等优势，也进一步地扩大了传播效果，增加了新闻事件的影响力。

我们以中央电视台策划的2017年“两会”系列新闻报道为例，来看看终端多元化在新闻报道策划领域带来的变化。2017年“两会”期间，除了央视的王牌新闻栏目《新闻联播》《新闻直播间》和《焦点访谈》等提供了大量的新闻现场报道、连线直播、热点专题之外，央视将重心更多地移向了移动新媒体，形成了传统媒体以传播资讯信息为主，移动媒体以互动交流为主的传播格局。2017年2月19日，央视推出了央视新闻移动网，在“两会”系列报道中发挥了至关重要的作用。从3月1日到3月15日，央视新闻移动网共进行“两会”相关直播144场，直播时长总计超过7363分钟，在央视新闻移动网、央视新闻客户端、央视新闻微博、今日头条客户端累计触达人数逾4.6亿，累计在线观看人数逾2.25亿。在全国人民都非常关注的“两会”期间，央视准确抓住了用户使用媒体的习惯，充分重视移动新媒体的传播力和影响力，改变了以往以电视为主要传播终端的策略，将重心转移至移动新媒体。

事实上，从 2015 年开始，我国的手机用户已经超越 PC 端用户和传统媒体终端用户。对于重大新闻事件来说，只有选择使用最为广泛的终端进行传播，才能保证信息的到达率。在 2017 年“两会”系列报道中，央视将移动媒体终端作为传播中的重点，并结合长视频、短视频、图片等多种传播符号，对“两会”情况进行了全面详细的报道，还结合移动媒体互动性强的特点，推出相关的话题和活动供广大用户交流和参与，进一步扩大了新闻事件的影响力，成功完成了主流媒体在重大新闻事件和新闻活动中应该承担的责任和任务。

央视的 2017 年“两会”系列报道，除了向我们展示在新闻报道策划中对于传播终端的整合使用和主次分明之外，还引起我们对于重大新闻事件中技术及后勤保障的重视。在前期新闻报道策划过程中，技术部门和后勤保障部门是与新闻内容生产部门同样重要的部门。央视 2017 年“两会”系列报道广阔的覆盖范围和轰动的社会效应均源自强大的系统功能和保障支撑。央视新闻移动网包括四个主要功能系统：记者视频回传系统（VGC）、移动直播系统（正直播）、

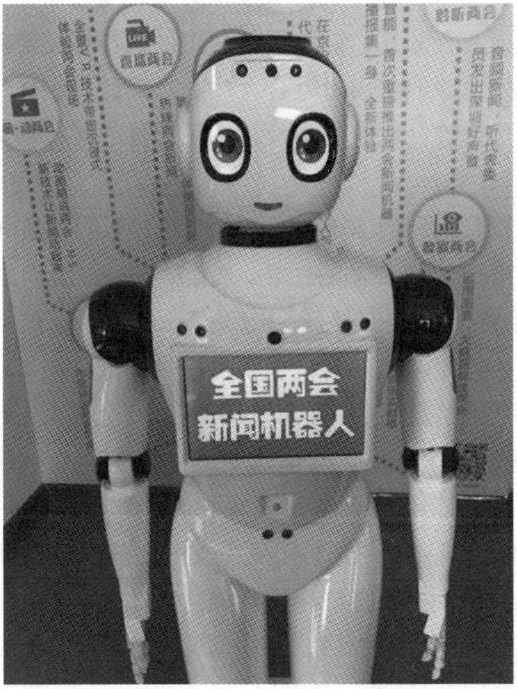

图 9-2　2019 年 8 月新华社一次性推出 25 款媒体机器人

账号矩阵系统(央视新闻矩阵号)、用户上传系统(UGC),这四个功能系统构成了完整的技术系统,并对多平台对接、网络稳定性、多场景应用等新闻报道的要求提供技术保障。央视移动新闻网的新闻云生产平台,实现了电视与新媒体一体化生产、通稿媒资共享和多平台分发。可以说,央视的移动新闻网是第一个全国性的电视新闻机构基于移动端的融媒体内容聚合平台。这同时也向我们释放了一个信号,在全媒体时代,移动媒体终端愈发重要,如何更好地实现内容生产一体化、内容分发多平台化是新闻报道策划的重要部分。

(四)传播符号多样充实全媒体新闻报道策划

不同的媒介形态在传播符号上各有侧重,如报纸、杂志以文字为主要传播符号,诉诸人们的视觉系统;广播以声音为主要传播符号,诉诸人们的听觉系统;电视则声画具备,同时调动了人们的眼睛和耳朵;网络媒体则集中了各种传播符号,这些传播符号诉诸人体的各种感官,形成一种综合的感官体验。

全媒体时代,人们更加容易能够接触到各种媒体形式,因此在不同的使用场景中,对传播符号的倾向性也有所差别。例如在开车时,由于需要视觉的专注性,因此通过听觉接收信息成为用户的第一选择;在乘公交、等地铁这样碎片化的时段,用户普遍选择音频或者短视频的方式接收信息;而晚饭后的“客厅时间”,电视的魅力依旧不减。因此,全媒体策划既是诸多传播形式的有机结合,同时也是每种传播符号功能最大化的集中体现。

在传统印象中,广播一直是通过音波进行传输的,但在全媒体时代,对于广播媒体而言,声音也不再是唯一的传播符号了。广播媒体开设网站、“两微一端”、进驻短视频平台进行直播,已成为业界的普遍做法。不少用户在观看广播视频直播节目的时候都评论说:以前只能听见主播的声音,现在终于见到庐山真面目了。可见,在全媒体时代,多种传播符号的综合运用,给了广播媒体更加广阔的发展空间,“耳朵经济”也重新被唤醒。事实上,全觉感知符号的运用,能够带给用户更加全面、更加沉浸的体验感,能够使其更加融入媒体所营造的氛围之中,提升传播效果,扩大传播影响力。

在对大型的新闻事件进行策划时,往往要综合使用各种传播形式,并使之协同合作,创造更加广泛的影响力。对于纸媒来说,一直以来都是通过文字和图片来传播信息,在新闻报道策划中,也往往非常依赖这两种传播形式。但在全媒体时代,传播符号的单一化显然已经不能满足用户对于信息的需求,多种传播符号的共同作用才能获得更好的传播效果。人民日报作为最具传播力和影响力的纸媒之一，在全媒体策划中也表现得非常敏锐。每年的"两会"系列报道，都需要在媒体的精心策划下才能保证顺利进行。2017 年，人民日报的"两会"系列报道策划，就体现了多种传播符号共同传播的魅力。除了文字和图片报道，在 2016 年的"两会"报道中，人民日报就已经试水视频直播，并收到很好的传播效果。在 2017 年的"两会"报道中，人民日报加强了对于视频直播的策划，并将原来以文字或者图文报道的形式改为以链接为主的方式，用户通过点击链接，就可以观看"两会"现场的视频。视觉感知的直观性和真实性加深了用户的参与感。据统计，2017 年"两会"期间，人民日报的微博账号"@人民日报"一共发布了 200 条相关报道，其中，直播方式占总报道量的 19%，视频报道占总报道量的 38%，即视频与直播方式就占到总报道量的 57%，成为 2017 年人民日报"两会"报道的主要报道方式。

全媒体时代，用户对传播符号的需求处在不断的变化之中，仅就视觉符号而言，从读图时代到视频时代再到 VR 时代的到来，就体现了用户对于视觉感官真实性、动态化、逼真体验感的不断追求。因此，在对新闻活动进行策划时，一定要考虑到用户的使用终端和使用场景，选择相匹配的传播方式，以同时满足用户对于信息获取和感官体验的需求。

三、全媒体视阈下的新闻报道策划策略

在前两节中，我们分析了全媒体的内涵及其对新闻报道策划在形式和内涵方面所带来的新变化。技术革新、传播终端多元化、传播符号多样化等全媒体时代的新特征使得既有的新闻报道策划方法已经远远不能满足现实中的需求。因此，全媒体的发展也对新闻报道策划从思维方式到实际操作方法提出了全新的要求。

(一)全媒体视阈下新闻报道策划的目标诉求

全媒体时代最为突出的变化，就是媒体服务对象从"受众"到"用户"的转变。这一转变要求媒体的服务意识也必须要从原来的"满足受众"走向"满足用户"。在这样一个过程中，媒体与用户之间的关系也不仅仅是简单的服务与被满足的关系，而是需要建立长期的密切的互动关系。因此，如何构建和维护与

用户之间的关系，在新闻报道策划中也变得尤为重要。

1. 满足受众与满足用户

全媒体的发展带来了媒体间的融合，媒体所面临的传播环境与以往大为不同。其中，传播对象由大众传播时代扮演信息接收者的“受众”，转换为全媒体环境下全新的、既是信息接收者也是信息发布者的“用户”，传播话语权不再被媒介机构所垄断，用户需求成为信息产品生产的动力和目标，传播模式变为非线性、社会化和产销合一。

从“受众到用户”，不仅是名称的变化，还标志着媒体新闻报道策划活动从指导思想到工作流程和效果评定的全方位变化。受众是被动的接收者，用户是主动的使用者和参与者，是把握市场决定权和主动地位的“上帝”；受众是相对类型化的概括，用户则是可以细分至个人的、区分度极大的个体；受众强调接受、用户强调体验和分享。可见，用户和受众有着本质上的区别，而从受众到用户的转变，其核心是“受传合一”的数字化传播模式，信息传播将更加便捷、传播渠道更加多样、内容更加丰富。

媒体在进行新闻活动的策划时，需及时调整传播理念，由现在的以满足受众需求为目标转变为以满足用户需求为目标。首先，要准确理解用户的实际需求，把握其对于媒体的使用方式、使用渠道和使用习惯，这是满足用户需求的前提和关键。其次，要想办法使用户更加积极主动地融入信息生产传播活动当中，在新闻活动中发挥用户的创造性，将专业化生产和用户生产相结合。最后，在新闻报道策划中要有针对性，满足不同用户的个性化需求，注重用户的体验感和满足感。

2. 关系构建与关系维护

全媒体时代受众向用户的转变，也带来了媒体与服务对象关系的转变。在传统的新闻报道策划和新闻生产中，媒体与服务对象的关系具有单一性，即生产者和消费者，或是信息提供者和信息接收者的关系。但随着用户这一概念的出现，媒体与服务对象的关系变得丰富起来，除了单纯的生产者和消费者的关系之外，还是新闻活动的共同生产者。随着这一关系的变化，媒体与用户之间的连接更为紧密，如何构建和维护好媒体与用户之间的关系，也成为新闻报道策划活动中的重要一环。

首先，要重视用户的参与。在新闻活动的策划和实践中，要充分调动用户的积极性。全媒体时代的新闻报道策划，不仅需要创意、设计、制作和实施，还需要运营。加强用户黏性、吸引用户参与、让用户贡献创意和内容、实现围绕新闻报道策划活动的弱社交，以这种方式带动用户加入，不仅会为用户带来更多的决定权和参与感，用户与媒体的捆绑感和维系感也会更加强烈，两者的关系也会更加稳固和持久。

其次，要转变自身定位，建立关系网络。由于用户对新闻报道策划活动的参与，媒体已不单单是一个“平台”，而应逐渐转向“关系网络”的构建。在全媒体时代，满足用户需求是核心，也是目标。媒体应通过活动加强与用户之间的联系，尊重用户体验，转变传播方式，逐渐建立由参与型用户和交互型用户为主的关系网络，以更好地维护与用户之间的关系。

最后，要构建一套完整的用户关系构建与维护体系。与用户关系的构建和维系是一项长期的工作，用户的主动性和动态化都会影响关系的发展，一套完善的体系将会帮助媒体更好地完成这项工作。我们可以将与用户关系的构建和维护分为三个阶段。第一个阶段要确定目标用户群体，明确用户群体可以使用户关系的处理更有针对性和可操作性。了解目标用户的特征，可以更高效地构建用户与媒体之间的关系。第二个阶段是在了解用户和用户参与的基础上，更加注重用户体验和用户互动。全媒体时代，用户频繁互动，注重体验，追求风格化的内容和个性化的表达。作为平台的提供者和关系网络的构建者，媒体提供的不仅仅是内容，还有空间和时间。在这一阶段，还要在多路径接触用户过程中收集用户反馈，对于用户反馈相应做出反应，这是对用户的重视，可以增强用户的存在感和价值感，也是对用户个性化需求的回应。第三个阶段就是维系稳定用户。用户具有流动性，会根据媒体的表现做出评价，来确定自己是否愿意继续维持关系。作为媒体，除了在建构过程中提供服务，以用户为中心外，在后期维护中也要提供优质的服务，重视与用户互动，满足用户新的个性需求，这样才能稳定维系与用户的关系，建构有效且活跃的用户关系。

(二)新闻报道策划的策略完善

明确了以满足用户需求为目标，以构建和维系用户关系为基础的原则之后，媒体在新闻报道策划之中还需进一步完善策略，以达到最好的传播效果，并实现社会价值和经济价值的共赢。

1. 树立产品思维和品牌意识

全媒体时代，新闻报道策划的内涵变得更加丰富，新闻报道策划能力不仅是媒体的新闻生产能力和综合实力的体现，还是建立媒体品牌的重要因素。因此，每一次的新闻报道策划不再只是独立的作品，而应是一件件具有创意性、系统性和多元性特征的产品。创意性强调新闻报道策划团队及其成员的创新能力，以及满足用户需求的导向性原则；系统性强调媒体手段的多样性，以及新闻报道策划制作过程中各个环节、各个部门之间的协同合作；多元性则是指内容产品、技术产品和资本产品三种产品形态的融合，其中，内容产品是新闻报道策划产品的根本，技术产品是新闻报道策划产品的重要支撑，资本产品则是媒体强化与用户关系的黏合剂。

将新闻报道策划产品化，并服务于媒体的品牌建构，可以从以下几个方面着手：

首先，在观念和体制上，媒体需要转变传统的营销思维模式，并树立以市场和用户为导向的营销理念和经营理念。通过占领更多的市场，拥有更多的用户，继而发挥媒体的影响力。同时，新闻报道策划活动中信息的采集、加工和营销必须围绕用户需求和市场需求，进而形成完整的信息产品体系。

其次，要找到正确的营销战略和战术。好的营销战略，是新闻报道策划活动成功的重要推力。例如，可以通过对用户需求的分析、媒体竞争态势的分析以及细分市场的评估，探索符合媒体实际情况的营销手段。

最后，要加大品牌建设的力度。饱含了媒体心血和用户参与热情的产品，需要通过用户的认识和认可并转化成效益，明晰的产品定位可以赋予品牌更准确的内涵，也给品牌诠释提供了很好的落脚点。媒体通过打造品牌增加新闻产品的吸引力和影响力，同时，新闻产品也会反过来促进媒体品牌的打造，二者相辅相成、缺一不可。

2. 多渠道融合、融通与分发

全媒体时代的新闻报道策划要在遵循全媒体传播规律的基础上展开，有效融合多种传播载体、传播形式，分层传播、分众传播，是应把握的核心与重点。

首先，将技术纳入新闻报道策划的重要组成部分，建立统一的技术平台支持。随着全媒体概念的普及，媒体集团已逐渐形成自己的全媒体矩阵。集团内的各家媒体基本上都有自己的发稿系统，都有自己的网站和“两微一端”，子媒之间信息不能互通，资源相对独立，不能共享。但全媒体时代，首先要求媒体在集团层面建立一个共享技术平台，核心内容包括数字存储系统、统一发稿及审稿系统。有了技术的支撑，才能更好地整合资源，将各个媒体的力量聚集起来，共同发挥作用。

其次，基于产品思维和品牌战略，媒体除了要建立统一的分发系统之外，在信息的制作阶段更应统一起来。比如，在媒体层面，可以将传统媒体与新媒体混编，成立大编辑部，改变过去集团内各家媒体单兵作战的做法，实现集中采访，采访稿件统一上平台，统一审稿，各家媒体各取所需。

最后，在分发阶段要注意多元分发、随时分发以及个性化分发。由于全媒体中的新闻报道策划活动集中了媒体内所有传统产品与新媒体产品的生产线与生产能力，能够生成纸媒、互联网、微信、微博、客户端等多元产品，最终在媒体拥有的所有平台上发布，实现分化的多元化。再加上网络媒体随时随地的特性，更是打破了传统媒体时代“每天刊发一次”的惯例，实现了网络、移动终端等所有新媒体 24 小时滚动发布，更好地满足了用户对信息及时更新的需求。另外，由于前期对用户的准确把握，可以勾勒出不同层面的用户对信息的需求图，有针对性地对用户进行信息的个性化推送，以保证送达信息的有效性，实现信息的定制化和个性化服务。

总之，全媒体时代要求媒体在掌控、统领全局的基础上，有效、灵活地将各种媒体形式融合在一起，共同为新闻报道策划及其产品服务。

3. 建立完善的用户反馈机制

在这一节中，我们反复强调用户驱动在全媒体时代新闻报道策划活动中的重要意义。因此，要想准确把握用户需求，并准确满足用户需求，就要建立完善的用户反馈机制，用数据和事实指导具体实践。

事实上，一直以来，传统媒体都十分重视用户反馈机制的建设，重视与读者(观众、听众)的沟通。一般会通过读者(观众、听众)来信来电、问卷调查、召开读者(观众、听众)代表大会等方式与受众沟通交流，并据此调整和改进传播内容和传播方式。但随着全媒体时代的来临，传统的受众反馈方法显然已不能全面把握用户的真实需求，媒体需要以原有的反馈机制为基础，增添现代化的技术和手段，形成更加完善的用户反馈机制。

其一，要确立科学的用户反馈原则。由于用户反馈信息对全媒体的进一步传播和发展具有一定的指导意义，因此必须保证反馈信息的及时性、准确性和全面性，这就要求媒体首选确立科学的用户反馈原则。首先是预见性原则，即对用户反馈信息的设置、收集和分析要具有一定的前瞻性，以保证反馈信息对后续传播的指导作用。其次是客观性原则，在对用户反馈信息的研究中要实事求是，坚决杜绝数据造假，以保证反馈信息的真实有效。再次是灵活性原则，即在用户调查过程中，根据实际情况不断修正和调整调查方案、调查方向和调查策略，使反馈信息更加符合真实情况。最后是系统性原则，即所得到的所有数据都需经过系统专业的分析。

其二，要设立专门的用户反馈部门。用户反馈部门需要根据全媒体的发展要求，科学规划和设计用户反馈的目标、方法和步骤，并建立反馈信息库。确保搜集和分析的信息和数据具有针对性，并能够成为全媒体进一步发展的主要依据。只有在充分分析反馈信息的基础上，才能够将数据转化为生产内容进行后续传播。除此之外，媒体还应加强与专业咨询机构的沟通和协调，尽可能全面地了解用户的真实想法和需求。

其三，要依托先进的互联网技术建立网络反馈机制。大数据、云计算等技术相较于传统的统计和测算方式，能够更加科学和准确地提供用户的使用行为、使用偏好和使用需求。在网络反馈机制的帮助下，媒体可以更好地对数据进行分类、研究、分析和处理，使反馈信息条理化、系统化，增强其真实性、科学性和合理性，有利于媒体根据反馈适时做出改变。

（三）案例分析

通过上述分析，我们可以看到全媒体时代的新闻报道策划已经与传统媒体时代所谈的新闻报道策划大有不同。它重塑了传、受之间的关系，再造了新闻生产的流程，使新闻报道策划从以受众为中心转向以用户为中心。因此，它要求媒体在进行新闻报道策划时，以满足用户需求为目标，将产品思维和品牌意识牢记心中，将新旧媒体、多种传播形式融会贯通，重视用户的创意和参与。

在这一章的最后，我们以人民日报客户端在中国人民解放军建军 90 周年推出的 H5 产品“快看呐！这是我的军装照”为案例进行分析，再一次加深对全媒体时代新闻报道策划有关策略的理解。

名为“快看呐！这是我的军装照”的 H5 产品，是由人民日报客户端策划出品并主导开发，腾讯天天 P 图提供图像处理支持的一款产品。2017 年 7 月 29 日晚一经推出，就迅速燃爆网络。亿万手机用户纷纷通过这个新媒体产品，生成、展示自己的虚拟“军装照”，表达自己对人民解放军的向往、崇敬和热爱。据统计，截至 8 月 7 日上午，“军装照”H5 的浏览次数(PV)累积突破 10 亿，独立访客(UV)累积 1.55 亿，1 分钟访问人数峰值高达 41 万，真正成为一款“现象级新媒体产品”。目前，人民日报客户端正在提交申请吉尼斯纪录。

图 9-3 “快看呐！这是我的军装”策划活动掀起拍军装照热潮

人民日报客户端的这款“军装照”H5 产品之所以能够获得这么大的成功，与前期创意、设计制作、上线传播等各个环节的周密策划是分不开的，其成功为我们提供了许多有益的借鉴：

第一，要有一个好的创意。中国人民解放军建军 90 周年是举国关注的大事件，对于每一家媒体来说，都需要倾注大量的心血、聚集精兵强将，才能做出精良的报道。与此同时，要想在全国性重大新闻事件中脱颖而出，获得更多用户的注意力，就需要打造有创意的新闻产品。传统的新闻报道，一般会围绕中国人民解放军的历史、典型人物和典型事件、各地各领域开展的相关纪念活动展开。但人民日报在传统新闻报道的基础上，充分运用了移动媒体人民日报客户端的广泛影响力，并以军装这一人民解放军的标志性符号为基础，浓缩了解放军的发展过程和历史变迁，并通过移动媒体和社交媒体的强分享性和强互动性，在全国人民中以裂变的方式迅速传播开来。

这款H5产品的创意并不是一拍脑袋就想出来的，而是经过了反复的探讨，几次推翻重来后的结果。据人民日报社新媒体中心统筹策划室副主编余荣华介绍，6月中旬，在关于八一建军节报道的最初创意过程中，“军装照”的想法很早就出现在候选计划中。到了7月，内部正式讨论建军节报道创意，几个小组的方案都从不同角度提到“军装照”创意。随后，在敲定了这一创意后，又反复比较在传统媒体和新媒体之间如何进行传播，最终确定通过客户端推广。从确定创意、挑选合作对象、正式开工，到H5产品上线，一共用了两周时间。①

除了好的创意之外，还要把握好时机和传播的渠道。这款产品选择在7月29日20时上线，即在建军90周年纪念日和阅兵消息公布后，8月1日建军节两天前推出，既拉长了产品的传播时间，也提前渲染了建军节的热烈氛围。产品上线时，共通过三个途径来发布：第一个是人民日报客户端；第二个是创作团队在个人朋友圈的转发分享；第三个是人民日报微信公众号7月30日“新闻早班车”末尾的二维码。准确的时间和发布途径让这款产品收获了上线2天2亿访问量、4天8亿访问量的优异成绩。

好的创意、恰当的发布时机和发布渠道，是这款H5产品成功的前提。军装照的原型配上用户自己的头像，不仅达到了对中国人民解放军历史进行宣传的目的，还将广大用户凝聚起来，共同燃起了对人民解放军的崇敬之情、对祖国的热爱之情。

第二，内容依然是产品的核心。尽管好的创意会让用户感到耳目一新，但扎实的内容依然是产品成功的决定因素。擅长文字写作和编辑的人民日报采编团队，在以图片和以H5技术制作的网页面前，需要将自己的所长进行转换，更好地适应新的传播需求。在前期策划和制作过程中，为了保证军装照原始素材的准确性，策划团队特别邀请人民日报政治文化部军事采访室参与其中，并联系国防大学联合勤务学院研究人民军队后勤装备，包括军服演变等方面的专家进行专业知识的采访和指导，以及后期的素材审核。在多方的共同努力下，

---

① 余荣华：《“军装照”H5为何能刷屏朋友圈》，《新闻与写作》2017年第9期，第78~80页。

最后将 90 年军史划分为 11 个阶段，策划创作团队历经一个星期的图片搜集，确保每个年代至少有一套男女士兵军装素材照片，并通过了专家审核。除此之外，策划团队对军装制式的要求也很严格，细微处如领子的形状、袖标的位置都不能有差错，可以说内容上的精准，为传播过程的顺利、平稳提供了有力的保障。

第三，用新技术和新方式助力传播。尽管 H5 技术已经较为普及，但对于媒体工作者来说并不专业，尤其是面对专业的人脸融合技术，更加不是媒体工作者的强项。在这一点上，人民日报客户端做了一个非常好的尝试，就是和专业的图像处理平台合作。创造团队选择腾讯旗下的天天 P 图团队提供技术支持。天天 P 图团队负责将用户照片合成军装照的关键环节，利用人脸关键点定位技术，利用神经网络对图片进行分析，找到人脸图像的关键点。在提取关键点之后，天天 P 图的技术团队再通过运用一些针对性的算法，对用户图片进行再次分析修正，达到面部颜色均匀的效果。

人脸融合技术和人工智能技术为这款产品的成功提供了强大的技术支持。人民日报客户端和天天 P 图团队在合作中也进行了明确的分工。“军装照”H5 分前端和后端。前端页面承担接收用户上传和下载照片功能，后端是天天 P 图的图像处理功能。前端的数据监控由人民日报团队负责，后端的图像处理由天天 P 图团队负责。但随着访问量的急剧飙升，前端和后端都出现了压力过大的情况。此时，双方的默契合作成为保障产品能够顺利运行的基础。人民日报团队继续全程监控数据变化，负责后端图片处理的天天 P 图则迅速调集大量服务器资源，保障 H5 的平稳运行。用户上传一张图片，不到 5 秒钟就能轻松合成一张“军装照”，背后是强大的技术和巨大的服务器资源作为支撑。

第四，准确把握用户需求。全媒体时代的新闻报道策划从以受众为中心走向了以用户为中心，满足用户需求是新闻报道策划的目标，“军装照”H5 就很好地把握住了这一点。首先这款产品满足了广大用户的情感诉求，军装照的创意突破了性别、年龄、地域、行业等社群壁垒，在全国范围内的不同网络社交圈内不断扩散和激荡。在举国欢庆建军 90 周年的特殊时刻，“军装照”H5 恰逢其时，提供了一个表达军人情节和情感的载体和渠道，与全国用户心中共同的情感形成了共鸣和互动。其次，这款产品的设计高度重视参与感和互动性，让用户成为主动的传播者，这与全媒体时代新闻报道策划的重心也非常契合。从数据统计来看，截至 8 月 12 日，网友将“军装照”H5 的链接分享给好友或微信群的次数超过4800万次，分享到朋友圈的次数超过1100万次，分享带二维码的个人“军装照”的次数则更多。新技术的应用、新形式的选择，再加上新的传播渠道，让用户可以和新闻产品进行即时互动，参与到产品的生产、传播过程中，真正实现了“裂变式传播”。

第五，对全媒体资源的有效整合。尽管只是一款简单的H5产品，但对于媒体来说，却是全媒体内外资源的一次重要实践。人民日报与其他的主流媒体一样，由于机制和人才等原因，很难拥有最新的原创性新媒体技术和最强大的保障资源，因此整合体制内外资源并灵活运用，才能保障这款产品的顺利发布和运行。“军装照”H5产品一共有四支团队：首先是人民日报新媒体中心，负责创意策划和执行，并主导和把控产品的开发制作过程。H5资料的搜集和整理工作，则由人民日报的采访力量来完成。这两支团队将人民日报内部的资源充分有效地结合在了一起。第三支团队是腾讯旗下的天天P图，其提供图像处理支持和后端服务器支持。第四支团队是第三方供应商“未来应用”，负责完成H5的前端设计开发和前端服务器的维护。这两支团队来自人民日报的外部资源，并很好地与内部资源进行分工与合作。“不求所有，但求所用”，这句话很好地诠释了人民日报这次所采用的运作模式。

从创意到设计，从确立内部团队到寻找外部合作伙伴，从推出产品到资源技术保障，通过分析，我们可以看到，“军装照”H5产品的成功并非偶然，而是在遵从全媒体时代传播规律、强大的策划创意能力、深刻的用户意识、准确把握时机、全员分工协作以及技术的支持下实现的。也许在技术的推动下，传播形式和传播载体会发生新的变化，但对导向的正确把握、对内容的精益求精以及周密的策划过程对于新闻报道策划来说，永远都不会过时。

【思考题】

1. 究竟什么是全媒体？
2. 全媒体新闻报道策划主要特征是什么？

第十章 事件新闻报道策划

不少人认为，事件性新闻可细分为突发性事件新闻和可预见性事件新闻。在百度的词条中，也能够找到这样的划分。

从新闻定义看，这种划分略显尴尬。因为所有的新闻都应该是“新近发生的事实”，即已经发生的事实。事件性新闻自然而然应该指的是已经发生的事实。由于事件本身并未发生，可预见性事件只是凭自我认定的“确定性”来预判或安排某个事件在某个特定场合一定会发生。实际上这种“确定性”具有较强的随意性，往往会随着内外部环境的变化而随时调整。因此，可预见性事件只是一种主观猜想、期望或判断，存在“心想事成”的可能，但也存在“出乎意料”的风险。

同时，如果可预见性事件单独成立，那么，“可预见性事件中的突发性事件”也会顺理成章存在，即在突发性事件和可预见性事件之外，还有第三种存在状态。但梳理所有文献，第三种情形从未出现在事件性新闻的分类之中。显然，可预见性事件的提法并不严谨。新闻业界不少人也公开提出，此类“事件性新闻”实际上属于信息范畴，充其量只是预告了未来可能发生某件事情的相关信息而已。

综上，严格说起来，事件性新闻便只有突发性事件新闻。

一、突发性事件新闻主要特征

顾名思义，突发性事件新闻具有提前不可预知特征。正因事前不可知，此类新闻报道成为检验媒体应急反应能力的重要窗口，报道水平高下关系到媒介自身形象，甚至还关系到事件的动态走向和社会稳定。

从性质看，突发事件主要分为两大类：一是客观事件，又称自然事件，即由自然力量、自然因素和自然环境引发的事件，与人既无直接因果关系，往往也非人力所能左右。这类事件主要包括因自然性因素改变而导致的自然灾害、生态环境和自然景观变异。狂风暴雨、电闪雷鸣、火山地震、雨雪冰雹等基本属于此类。因此，有学者将其称为“天灾”。二是人为事件，与人相关，由于人为因素或活动致使事件发生，主要包括事故灾难、公共卫生事件和公共安全事件。

不管是自然事件还是人为事件，突发性事件新闻普遍具有以下特征：

1. 及时性

因为事发突然，出乎意料，且具破坏性，因此许多媒体十分注重报道的时效性，常常要求“快报事实”。2007 年 11 月 1 日开始施行的《中华人民共和国突发事件应对法》和 2008 年 5 月 1 日开始施行的《中华人民共和国政府信息公开条例》(2019 年该条例重新修订完善)，从制度层面对信息发布的公开性和及时性做出了明确要求，从法律层面保障了公众的知情权。

2. 连续性

突发事件从发生、发展到产生影响，是一连串连续性过程。这个过程往往不能全部在短时内结束，需要视事件大小而定。即便是短时内结束的突发事件，也可以围绕后果和善后进行追踪或连续报道。与此同时，对突发事件的社会关注也具有持续性特征，受众的关注度不会立即烟消云散，作为对媒体记录的“主观反应”，越重大的突发事件，受众对其关注的兴趣越高、时间越长。

3. 动态性

突发事件是一系列不确定因素的“临时组合”，事件处于随时随地运动变化之中，不可能静止孤立纹丝不动。突发事件发生后，受众的关注点一般会遵循“何地发生了什么事”(What)、“事情进展怎样”(How)、“事情怎么发生的”(Why)的线路顺序。如果事件对受众造成了相关影响，受众的关注点也会随着事件动态变化而移动。随着事件和事态变化，报道的内容、焦点和视角等都需作动态性灵活调整。

4. 不可预见性

事件原始发生状况具有不可预见性，后续发展往往超出人力可控范围，事态可能超出正常预期。突发事件的变幻莫测、难以预料，增加了新闻报道议题设置的难度，对媒体及其从业者都是一种考验。

5. 损害性

突发事件超出预料和预备，一般带有损害性，给个人或社会造成伤害，或直接或间接，或程度大或程度小，或显性或隐性。一些特殊的突发事件，可能反复造成损害或者带来次生灾害、次次生灾害。

6. 部分具有危机性和群体性

这主要分为两类：一类是对自然事件处置不当，引致事件向社会危机过渡，并诱发不同社会群体卷入其中。二是人为事件所具有的社会性使然，事发之初便引发社会舆论和公众参与，引导和防控不当，容易发酵为群体性事件。

二、突发性事件新闻策划的原则

1. 快报事实原则

突然发生的事件对于信息接收端的信宿而言，本能而直接的心理反馈是对事件最新情况的关注。除了法律法规层面日益严厉的信息披露要求，快报事实原则完全吻合信息处理概略框定的流程模式，遵从了对受众心理的常识性把握。不同等级的突发事件，事态情形变动方式和程度不同，越是紧急、特急事件，社会关注度越高，对信息需求的时间刻度要求越高，快速及时报告动态性事实是突发事件整体报道的基本任务，也是新闻报道策划时必须纳入考虑范围的重要部分。

2. 忠于事实原则

在马克·克雷默(Mark Kramer)和温迪·考尔(Wendy Call)主编的《哈佛非虚构写作课：怎样讲好一个故事》中，《圣彼得堡时报》专栏作者莱恩·德格雷格里说：一个新闻故事到底值不值得去讲，这个故事里必须得有某些正在展开的情节。也就是说，在这个故事里，必须得有某些事情在发生。① 德格雷格里这段话可以从多个角度去解读，但无疑包含了事件必须真实发生并且必须忠实于事实的基本要求。对突发事件来说，忠于事实原则是相当高的要求，这意味着对事件每个环节每个细节都要求真务实，容不得半点麻痹和敷衍，更来不得半点虚假。在突发事件发展过程中，不排除各种利益参与，各种力量博弈，但基于事实、忠于事实，是新闻报道策划展开的前提。事实不存，所有的创意都无意义。

① [美]马克·克雷默、温迪·考尔：《哈佛非虚构写作课：怎样讲好一个故事》，王宇光等译，中国文史出版社 2015 年版，第 28 页。

3. 公正客观原则

1859—1860年间，马克思与德国政论家布林德发生争论，德国的《总汇报》在发表双方的声明时，故意怠慢马克思，为此马克思致信该报编辑部，指出："我在这种情形下特意期待的是什么呢——最低限度是一般的公正，即任何一家英国报纸(无论它的派系如何)都不敢违背的这种公正。"①公正对待突发事件中的人和事，需要以事实为依据，以客观为准绳，不带傲慢与偏见，不带先入为主，不带主观臆测，不带选边站位，公平公正展开报道策划，一如普利策所言，既要保持新鲜报道的生命力，又要使其受到精确和良心的约束，而不是随心所欲。

4. 以人为本原则

突发事件必然涉及人和物，其破坏性也必然涉及人和物。在报道策划过程中，必须牢固坚持人本主义思想，以人为本，将人作为报道策划绝对优先考虑的对象。所以，从生命至上理念出发，结合突发事件发展的一般规律，新闻报道策划在议题设置上的先后顺序应遵照人—事—物的内在逻辑铺展，展现对生命的敬仰，对人的敬重。李普曼认为，新闻工作人员内心深处的希望和敬畏，才是最大的新闻检查者。显然，这里的以人为本凸显了新闻报道主题的价值观。

5. 动态权变原则

随着事件动态演化，时间、地点、人物、状况、影响等新闻构成要素也在不断滚动变化，倒逼新闻报道策划必须因时而变、因势而变、以变应变，在快速变化中不断调整和改进策划方案。灵活应对既是确保真实性的内在要求，也是确保策划方案具有创造价值的重要保障。

6. 慎讲原因原则

德国社会理论家、《风险社会》作者贝克提出，进步的概念正在让位于有关安全的恐惧，"风险社会"被视作对全球深层社会矛盾和严重生态危机的回应。在中外大量研究者看来，风险是全球性、结构性现象，中国亦不例外。在风险生成机制中，媒体是社会风险建构的重要角色，媒体报道特别是对突发事件的报道处理很可能成为风险的起源或放大器。基于此，在谨慎报道突发事件

① 马庆：《一般的公正——网络时代马克思主义新闻观的重温》，《湖北社会科学》2013年第9期，第38页。

的宏观原则下，对事件原因的报道尤应慎之又慎。一方面，事发原因界定不能凭主观经验或简单目测，需要科学验证。事件越大，原因越需经得起时间和历史检验。另一方面，事情原因界定需要一定的时间、过程和程序，并不是一蹴而就的。实际上，大量突发事件的原因在事态平息很久后才有答案。所以，对待突发事件的原因需要高度严谨，以免节外生枝，引起不必要的社会反应，酿成社会风险。

7. 可操作性原则

所有策划不能止步于“图纸”，必须具有可执行性。这就要求策划方案建立在现实前提之上，充分注意操作环境和作业空间，注意方案执行所需的条件和基础，注意下接地气，避免空想和空谈。

三、突发性事件报道策划变化

过去，突发性事件报道往往突出“抢”字，即在时效性上做文章，争先恐后抢着报道出来。在信息相对稀缺和封闭环境中，谁先报道出来，意味着谁可以占有主动权。随着传播环境变化，在智能移动互联生态池中，在人人都可能是传播者语境下，谁在现场谁就掌控了优先权，但在现场往往是随机性结果。

通过抢报获得印象优势，依靠现场来抓“第一落点”，实际操作难度越来越大。更重要的是，“野蛮生长”的自媒体因缺乏专业素养和职业素养，习惯性肢解新闻事件和新闻事实，以碎片化、零星化和片面化抢占舆论先声，导致一些专业机构精心组织的策划方案“出师未捷身先死”，策划效用价值减弱，策划行为面临“失灵”。为脱离困境，近年来突发性事件报道策划正在悄然发生一些变化。

1. 从抢发事件动态向抢占舆论热点转向

事件发生后，报道主体在坚持第一时间抵达现场的前提下，并不一定在事件动态进展方面耗费资源，而是采取议程预设(或者说议程前置)方法，提前预判舆论热点和舆情状况，围绕预判热点及时切入和介入报道。在具体操作中，围绕“事态”和“深度”报道，针对“平面”和“视频”媒介，分头配置人力资源，分设重点议题，既保证整体报道主次分明、有章可循、分工明确，又规避了事后再行布置的无奈，由抢占信息转为抢占舆论，变信息主导为信息与舆情共同主导。

2. 从全面开花向“一枝红杏”转向

过去，专业机构生产者喜欢面面俱到，不放过任何可能的报道点，有时一个策划方案的执行周期旷日持久。在互联网主导的媒介丛林，围绕焦点做文章是重要法则。除少数综合性媒体外，大部分媒体在突发事件报道的策划上由“求全”转向“求美”，从全面开花向“一枝红杏”转变。

3. 更加注重从事实向事实与关系转向

在不遗余力发现事实和真相基础上，媒体更加注重事件中的“关系向度”，仔细寻找事件与外部的关系网络，捕捉所谓第二落点，甚至重新发掘新的议题。当然，此中也容易发生关系搭建随意和牵强行为。

4. 更加注重观点售卖

这一转向是对互联网时代传播新特征积极响应的结果。形成于19世纪末的新闻专业主义，认为中立的把关人和客观的反映者是其关键性特征。这里的“中立”与“客观”主要就媒介身份而言，具有标榜性和欺骗性，往往与现实相悖。在客观上不管是歪打正着还是有机结合，所谓的专业主义对我国新闻报道的具体形式还是产生了一定影响，至少有一部分人坚持认为新闻报道不应带个人意见、观点和倾向，只是呈现事实即可。在万物皆媒的媒介化社会，新闻所夹带的观点正在成为新闻售卖的卖点，观点掩藏于字里行间的传统观面临解构。舆论场和新闻消费变化，促使报道策划方案制定时就会认真考虑观点市场的占领问题。

四、突发性事件报道策划如何具体展开

突发性事件报道策划属于非可预见性报道策划，需要依据已经发生的事实和现场等信息进行规划，具有明显的“动性”特点。下面以“东方之星”沉船事件为例，谈谈突发性事件报道策划如何具体展开。

（一）策划基本步骤

1. 信源核实

因为事件和事发地情境特殊，信源核实非常不易。从原则上讲，此类重特大事故，一般应至少具有两个以上独立信源。但此事与众不同之处在于，中央电视台记者率先从相关权威部门得到证实，独家完成了信源核实工作。鉴于央

视本身的权威性和规范性，无须其他媒体进行二次核实。2015 年 6 月 2 日凌晨 2：37 分，中央电视台湖北记者站记者刘峰在央视微博平台发布快讯。实际上，首条信息在事发具体时点、地点、现场等方面存有瑕疵，但最核心的“What”要素十分精准，从中亦可想象事发之突然。

中央电视台首条快讯全文如下：

> 6 月 1 日深夜 11 点多，一辆载有 400 多人的客轮突遇龙卷风，在长江湖北石首段倾覆。长江航道、海事部门正展开营救，目前已救起 20 多人。据了解，该客轮名为“东方之星”，隶属重庆万州，由重庆开往南京。

在首条快讯发布后，央视接连发布多条信息，不断更新和矫正事态信息：3 时整新闻频道首发沉船事件消息，6 时 2 分与驻站记者进行了第一次电话连线直播，8 时《朝闻天下》发出全球第一个视频连线直播，13 时记者跟随救援直升机第一次航拍了事发现场。新华社也在 6 月 2 日 4 时 18 分发布了首个报道，称一艘载有 400 余人的客轮在长江湖北段翻沉。当日 7 时 38 分，新华社发布消息：中共中央总书记、国家主席、中央军委主席习近平做出重要批示，要求国务院立即派工作组赶赴现场指导搜救工作，湖北省、重庆市及有关方面

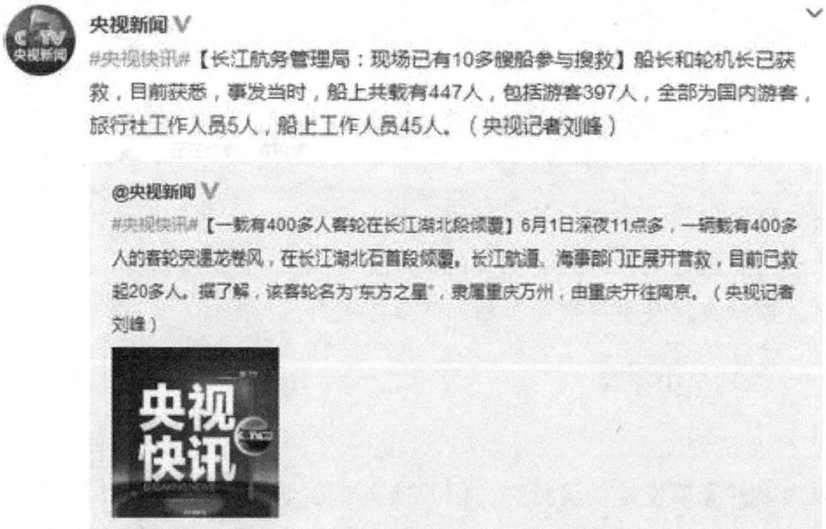

图 10-1　中央电视台率先披露事故消息(来自央视微博)

组织足够力量全力开展搜救，并妥善做好相关善后工作。

由此，此事变成了广为人知的公共事件。

1. 价值判断

这起事件不仅涵盖所有新闻价值要素，而且显示度均非常强烈，仅载有400多人的客轮在长江上倾覆这一句话，就足以回应新闻价值判断所需要的重大性、显要性、稀缺性、接近性等关键要素。

2. 策划基础准备

作出新闻价值判断后，媒体会立即启动新闻报道策划方案制定。在具体方案形成之前，在记者赶赴事发现场的同时，需要前后方同力配合，做几项基础准备工作。

(1)相关资料搜集。资料分为两类，一类与东方之星倾覆直接相关，主要包括长江荆江段水文和航行资料、龙卷风知识资料、东方之星船体及运行资料、东方之星主要驾驶人员从业资料、救援主体综合资料等及沉船知识资料、沉船救援方法等知识资料。另一类是与东方之星倾覆间接关联的资料，主要包括世界内河航运惨案资料、荆江段过往事故资料、类似案例处理资料等。这些资料是报道策划展开必备的关系搭建入口和重要背景资料。

(2)人力资源调配和服务保障。人力资源调配一般遵循两个主要原则：适合与就近。所谓适合是根据报道需要和记者特长，进行资料优化配置。每个记者有每个记者的长处和短板，有的擅长写消息稿，有的在特稿或调查性报道方面有优势；有的在采访突破方面具有经验或天赋，有的在现场细节捕捉方面具有特点。调派适合的人从事对应报道，自会如鱼得水、事半功倍。所谓就近是为了第一时间抵达现场，抢占有利采访资源或条件，按照物理空间距离进行的人力资源调度，核心是节省抵达现场的耗时。总之，突发性事件报道需要针对突发事件大小和特点，灵活机动配置力量。一般大型突发事件会采取组合式人力配置模式，有人负责事件动态报道，有人负责深度报道，有人负责摄影和评论，既合为一体，又各司其职。除此之外，为采编人员尤其是前方报道力量提供后勤服务保障不可或缺，这也是检验一个媒体应急体系是否完备的重要测度。服务保障主要包括交通工具选择和配备、采访工具配置、稿件传递专用设备安排、特殊保障物资(如防护用品、专用药品、通信工具、电能设备、备用资金等)。

(3)初设议题。凡事预则立，根据前期其他媒体报道信息、自己搜集到的相关资料，可以预设策划方案和关键议题。方案应高度关联如下关键词：凌晨、龙卷风、400 多人客轮、长江倾覆、救援、东方之星。相应地，策划方案中包括但不限于如下议题：

一是在如此极端天气下，救助行动如何组织？是否及时？400 多人有多少人得救？

二是如此暴风骤雨的深夜，为何东方之星依旧在行驶？为什么没有停航避险？船长和驾驶人员遭遇了什么？他们是如何应对的？

三是龙卷风是否足以将一艘五层楼高的客轮掀翻？如此巨型客轮在长江上倾覆意味着什么？

四是这艘客轮是否具有规定资质、是否存在超载及过期等问题，驾驶人员是否受到情绪干扰？

五是救援方案如何？力量如何保障？

图 10-2　国内部分媒体报道(注：图片来自刺猬公社公众号)

3. 精心设计报道议题

记者到达现场后，及时向策划方案制定部门和决策人反馈自己掌握的第一手信息，决策指挥系统据此对照新闻要素是否生变，并紧紧围绕新闻价值发掘的五个维度，按照人、事、物的顺序原则，及时丰富和完善策划方案。

从时间维度看，首先需要观察事发时点有无特殊性。譬如，长江航运基本规定是什么、长江航运有无监督管理机制、应急处理系统如何运转、夜间航行保障条件如何、极端自然环境下有无特殊航行要求、同一时点其他船舶运行情况特别是有无避险行为。所有这些因素，都聚焦于一个问题焦点：惨剧为何在这个时间点上发生？有无可能避免发生？

同时，可以时间轴为报道主线，聚焦事件动态变化：事发现场动态和救援进展动态。两者间可能存在重叠部分，但救援往往有一定延时性，需要准备、组织和动员，因而事发现场动态情况与救援进展动态并不一定完全同步同框。事发现场动态除了第一现场，还包括第二现场、第三现场的动态。第一现场着重于事故发展动态、真实场景、损伤情况等；第二现场多半在医院、交管等部门，如幸存者安置情况、受伤者医治情况、遇难者善后情况。救援进展动态包括现场救援进展、救援人员、救援方案、救援效果等，也包括外部各种救援力量的组织和汇聚。

空间维度具有多重视角。就地理位置而言，素有“万里长江险在荆江”之说。具体而言，监利江段有何与众不同、事发时监利河段有无干扰因素、监利河段此前是否发生过类似事故、荆江河段航运安全情况等皆应纳入分析视野。从社会空间看，快速发酵的舆论倒逼媒体进行报道策划时必须回应相关疑问。比如，事发前东方之星有无接收到恶劣天气预报？类似天气预警系统如何运转？客轮本身有无缺陷？运输主体操作是否符合国家规定标准和要求，是否有不良航行记录？一艘五层楼高的客轮何以在长江上翻沉？黄金救援窗口期内的紧急救援机制如何作用？从历史空间看，本次事故同样具有议题发掘点。比如，它在中国和世界内河航运灾难史上处于什么状况？历史上相似事故的规律性是什么？类似事故如何采取有效救援措施？本次事件在同类事故中的不同之处在哪里？本次事件对航运安全警示和相应完善举措具有哪些推动作用？

关系维度搭建的有价值报道点会更加丰富。事件影响、事件性质和关联人物是其中最重要的关系连接点和价值发掘点。人与人就涉及遇难者、受伤者、肇事者、救援者、伤亡者家属、社会志愿者等自然人、法人彼此间的各种关系，能够交叉到一起的尽量收纳进来进行关系验证和选题研判。人和事之间的关系则是重中之重，涵盖事件发生原因和过程、事件影响与后果、事件处理与定性、风险防范公共措施、安全意识和安全能力提升等上中下游全过程和全环节。围绕事与事可从救援效率、逃生手段科普、应急机制完善、历史规律寻找、事故共同教训总结等方面寻找报道点。就东方之星沉船事件而言，人与人之间的关系网络较为庞大，但复杂度并不高。人与事之间的关系则成为社会对此事关注的持续热点，在事故处理小组公布相关调查结果时，仍有相当关注热度。

从情境维度出发，事故现场不断变化的情景、事故发生所处的背景、事故包含的社会系统环境等问题，都成为报道策划的重要内容，尤其是救援作业现场场景、救援条件和环境变化、救援机制确立和完善、国内外同类事件处理经验等不一而足。

在这次事故中，社会各界对于事故的关注基本上围绕几个关键点展开，这些关键点不仅是媒体与社会互动的热点，也是媒体结合舆论反馈进行策划不应回避的焦点话题。这些焦点话题主要包括：事故是如何发生的？为什么会发生这么大事故？事故造成了哪些损害和影响？事故如何及时高效处置？事故留下的教训是什么？如何吸取事故教训？

总而言之，沿着事发—救援—善后的基本线路，整个事件报道策划的主要议题设置应至少包括下列议题：

一是事发过程和情形。包括事件发生时间和地点的特殊性、事发时现场具体状况和临场处置情形。正视事故造成的灾难和伤害，检视时间地点过程原因等相关要素是否存在自然异常和人为失当。在事故原因明确之前，尽力挖掘事发过程中的事实，还原事情真实全貌，分析事件是客观因素致使还是主观行为导致。

二是事发后政府层面救援行动。从应急机制启动、救援力量组织、救援决策方案、救援实施进程、救援难点和救援效果等，突出国家意志。按照客观公正公开透明原则，检视救援行动的及时性、方案合理性和结果有效性，始终以生命至上为理念，反映政府的应急能力和响应态度，反映国家相关政策在一些地方、一些部门落实执行情况，反映事故暴露出的不足、短板等缺陷，或者其他问题。

三是事发后社会层面救助行动。从各地救助力量介入、地方志愿队伍、专业团队加盟、社会爱心传递等，突出民间爱的力量。讴歌友善互助的民族文化和生生不息的人间大爱，贬斥见利忘义的丑恶行为。

四是事故善后处理情况。主要包括对逝者尊严的维护、遇难者家属心理安抚、对伤者的照料，以及物质财产损失等方面的赔偿等，突出人文关怀，提升文明素养。

五是事故原因追问和追踪。以科学精神和严谨态度，查问事因，追责问责。

六是如何有效规避事故重演。以沉思为主基调，对事故进行系统反思和总结，分析规避同类事故重演的方法和策略。

4. 实事求是，动态调整策划方案

根据事态本身和所获信息变化，实事求是地对既设方案进行动态化调整。在完成事件动态报道基础上，增加深度报道分量，力争做到人无我有、人有我优。

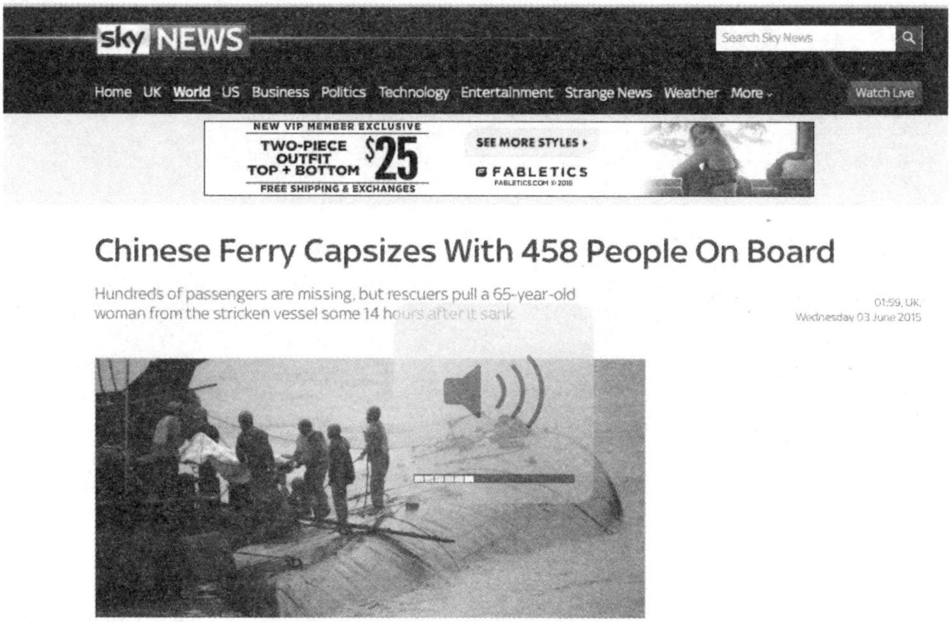

图 10-3 天空电视台的一篇报道(来自刺猬公社公众号)

这场事故吸引全球数百家媒体参与报道。事实表明，在这场灾难性事故报道中，中国媒体在报道视角丰富性、议题设置丰富性和报道叙事感染性等诸多方面，完胜国际上的许多大牌媒体，产生了一批具有较高质量的优秀新闻作品。如果定要说有什么遗珠之憾的话，有个别选题也可以收进优秀目录。比如，《440 个生命无声呐喊与长江航运基础设施完善》《救援黄金 12 小时是如何利用的》《108 位蛙人看到的“东方之星”》《重特大江河惨案规律剖析》等。

当然，这很可能为人所难。实际上，这场突发事故也是一场新闻会战，不少媒体不仅调集精锐力量赴现场报道，而且将报道策划会直接推到一线。不得不说，在这场中外媒体报道面对面比拼中，中国媒体在新闻报道策划上的用力功不可没。

5. 总结策划得失

事后总结是许多媒体不太重视的环节。在报道思路、议题选择、执行策略等方面进行同业比较、同行比较、同城比较、同题比较，总结经验得失，才能不断提升新闻报道策划水平，夯实媒体核心竞争力。

【思考题】

1. 突发性事件新闻主要有哪些特征？
2. 突发性事件新闻报道策划应把握哪些原则？

第十一章　人物报道策划

新闻价值建立在新闻与人具有关系和关联基础之上。人是新闻确立的基本要素，是衡量新闻价值的主体，也是新闻报道策划需要重点关注的对象。

一、人物报道价值

古希腊哲学家普罗泰戈拉说，人是认识万物的尺度。以人为中心出发，并非唯心主义，恰恰体现了人与世界共存中人的主体性。正如马克思所言，人是生产力中最活跃、最积极的因素。从新闻角度出发，人必须是新闻报道中重点甚至唯一考虑的对象。

（一）一切新闻活动，都是人的活动

英国“现实主义小说之父”丹尼尔·笛福在《鲁滨逊漂流记》中，主人公鲁滨逊因出海遭遇灾难，先被海盗攻击，再到种植园，最后漂流到无人荒岛。在孤独岛居生活中，偶然遇见一些土人到岛上来举行人肉宴，鲁滨逊从中救出一个土人，收为自己的奴隶，取名“星期五”。在岛上生活的第 28 个年头，一艘英国船来到该岛附近，鲁滨逊帮助船长制服了叛乱的水手，终于返回英国。小说成功地塑造了鲁滨逊这个崭新的人物形象，意在表现当时追求冒险、勇于创新、倡导个人奋斗的社会风气。

这部小说中极为重要的设计是“星期五”的出现。这种安排改变了鲁滨逊的关系结构：除了人与自然的关系外，还搭建了人与人之间的关系框架。在未遇到“星期五”之前，鲁滨逊与自然的所有对话都属于“自言自语”，他所从事的所有活动都停留于个人活动层面。因为“星期五”的到来，岛上有了“社会形态”和“社会关系”，鲁滨逊的所作所为都增添了社会意义。

这个故事对新闻生产具有看似浅显却无比深刻的启发性。社会是人与人的

关系总和，只有这种关系成立，总和才能存在。新闻之所以能超越一般信息，实际上就是因为人在其中结合客观事实给予了带有主观色彩的价值认知和态度选择，是不同社会主体从社会价值层面对庞杂社会信息所做出的过滤。

所以，可以说一切新闻活动都是人的活动。新闻自身内含着“人的直面或背影”，勾连着与社会之间的丰富关系。新闻表达必须能够“见人”，即便以“见事”为主的叙事也要从中“见到人”，这正是新闻报道策划可以施展魔力之处。

(二)围绕人做文章是新闻的题中之义

新闻报道要做到有声有色，需要在新闻事实既定的“人事物”框架中寻找突破，以人为焦点展开报道是新闻的题中之义。

1. 人是新闻事实的核心构件

离开了人或与人相关的事实呈现出的是自然属性而非社会属性，从受众角度看，其甚至不具有严格意义上的新闻性。

众所周知，地震是地壳快速释放能量过程中造成的振动，其间会产生地震波。根据板块学说的观点，地球上板块与板块间的相互挤压碰撞，是引起地震的主要原因。根据统计，地球上每年发生的地震超过500万次，也就是说每天要发生上万次地震。但为什么媒体报道出来的微乎其微呢？主要是因为大部分地震距离人类太小或太远，需要借助特定的专业设备才能记录下来，人们几乎感觉不到，对人类的生活几乎没有影响。但一旦对人类的生产和生活造成影响，其受关注的程度立即就会提升，如果造成严重或特别严重的危害，则很可能会上升至社会公共事件。

那么，这里隐含了两层意思。其一，与人(类)有无关联是衡量新闻有无和大小的重要尺度，如果对人类毫无影响尤其是根本未觉察到有影响的事件，往往会因价值含量不大而被忽视。其二，人在整个事件中的“能见度”会影响到新闻的叙事和呈现，人的差异性存在导致新闻报道具有差异性。脱离了人或与人的“对话”，新闻就少了主体和支撑。

2. 人是新闻报道的核心面向

新闻是对社会万象的呈现和对社会现实的表征，一个人物、一个事件，之所以值得提升到新闻层面进行精心报道，说到底是为了满足更多人的需要；而在所有新闻报道中，首先入眼入脑的新闻要素就是人。从新闻事件中的“人”，看到千千万万事外之人，是新闻报道的出发点和落脚点，以人为本是新闻报道的终极面向。

二、人物报道分类

人物报道是新闻报道的重点内容，对象丰富，面宽点多，它主要分为以下报道类型。

（一）典型人物报道

恩格斯在《致玛·哈克奈斯的信》中首次提出“典型人物”：“据我看来，现实主义的意思是，除细节的真实外，还要真实地再现典型环境中的典型人物。”①

但究竟如何定义典型人物，则一直存在较大分歧。有人认为典型人物是指具有典型性格并具有群体代表性的人物，有人认为典型人物指在典型环境中的先进模范人物，还有人认为典型人物是具有广泛代表性和可议性的人物。

在我国新闻实践中，对典型人物可从广义和狭义上分别界定。广义上的典型人物，指具有某种代表性的人物，本身无关褒贬，同类性是其特点。狭义上的典型人物，则指标杆人物，先进性和示范性是其突出特征。

庞书纬从主体、受众和目标等角度，系统梳理了新中国成立70年典型人物报道的变迁历程，认为典型人物报道自20世纪40年代从延安解放区发端以来，就以鲜明的政治性、导向性、宣传性，发挥着塑造个体、引导行为、整合社会的功能。② 从其应用来看，我国媒体基本上将典型人物报道定格在狭义层面。

但在越来越具包容性、开放性的社会，将典型人物的理解放大到广义层面更具现实意义。典型人物应该是指位于某个圈层或群落中，具有标志性、代表性和经典性特征的“符号式人物”。

2011年5月17日，《楚天都市报》一篇报道就属于典型人物报道范畴。

---

① 中共中央马克思恩格斯列宁斯大林著作编译局：《马克思恩格斯选集》第4卷，人民出版社1995年版，第683页。

② 庞书纬：《新中国成立70年典型人物报道的变迁：主体、受众与目标》，《新闻与写作》2019年第10期，第5页。

报道讲述了一名迷恋网游者最终失去生命的极端事例，充分反映了网络游戏对青少年带来的危害。报道见报后，社会反响强烈，被认为是规劝青少年远离“电子海洛因”的有效案例。这篇作品的报道对象并非先进人物，但在互联网原住民队伍不断扩大的背景下，其人物经历具有代表性，其警示意义具有普遍性。

楚天都市報

按照“责任风暴”“治庸计划”要求，采取更有力措施

江城拉网整治豆制品市场

武汉开发区生日当天签约141亿

副省长为百姓讨旅游优惠

“我要当行长”网帖真相调查

上百会员搬光器材

“顶级网虫”憾别人世

远去的身影留给人们沉重思考

1千抵1万元火爆认筹！优惠价5280元/m²

027-81708888

图 11-1 《楚天都市报》封面将该新闻做了导读

附相关报道：

32 岁男子沉迷网游十年离世 临终称“真有意思”

正当不少网友和读者还在为他的命运牵挂不已积极捐款时，5 月 15

日晚10时53分，这位在武汉游戏人生10年的青年王刚，在天门拖市镇张丰村二组家中悄然离世，不满32岁。离开人世时，除去两张不知道密码的银行卡，他留下的是20多个网络游戏“地下城与勇士”账号。

在家里度过最后七天

昨日下午5点多，记者来到王刚家中时，王刚的遗体已经火化，亲友和同村的乡亲们正围在他家门前，安慰王刚的父母。因为连日操劳和伤心过度，王刚的母亲孙国香已卧床不起，正在家中输液。

从5月8日被一辆救护车送回离别了10年的家，到15日晚去世，王刚在病痛中走完了人生的最后7天。昨日，王刚的父亲王道洪回忆起这7个昼夜的点点滴滴，仍然难掩心中的悲痛：“太长了，感觉这一个星期，比找王刚的10年都要长，都要难熬。”

回到家后，王刚只能侧躺着蜷缩在床上。王道洪说，如果平躺下来，王刚就总是喊胸疼，只有保持侧躺，才能让其受损严重的肺部减少一点压迫，缓解一下痛苦。因为肺病严重，王刚连正常的呼吸都很费力，经常需要借助氧气袋。

王刚的姑姑说，他每天只能吃一点流食，如牛奶、稀饭，一次只能吃小半碗，即使在稀饭里加一点青菜叶，也需要煮得透烂，重病缠身的王刚，已经几乎没有咀嚼食物的力气。即使是这样，吃饭和喝水这些健康人不费吹灰之力的事情，王刚做起来也很困难，他经常会在用吸管喝水的时候，喘得上气不接下气。

连日操劳致母亲病倒

从天门市人民医院出院时，医生曾向王道洪推荐过荆州市结核病医院。在网友、热心读者和王刚的大学同学的帮助下，筹到了几千元钱的王道洪，于5月13日租了一辆车，将儿子送到了荆州。专家进行了详细的检查和会诊后，告诉王道洪：王刚的病情十分严重，身体十分虚弱，治疗的成功率已经很小。

伤心的王道洪当晚就带着儿子回到了家中。连日的操劳，已经让王刚的母亲病倒了，而两位老人还要拖着疲惫的身体，照料在死亡线上挣扎的儿子。那几天，记者和他取得联系时，王道洪总是说：“太累了，几乎是身心俱疲。”

临终说了句“真有意思”

就在王道洪还在为儿子的病情操劳、忧虑的时候，王刚的生命正在悄然走向终点。15日下午，王道洪突然发现，一直习惯侧躺在床上的王刚，突然平躺了下来，而且没有像以前那样喊疼。他问儿子“疼不疼”，儿子却只“嗯嗯啊啊”了几声，没有回答。王道洪心里有了一丝不祥的预感，上前给王刚翻身，却发现他已经不像以前那样，竭尽全力配合自己的动作了。到了晚上，王刚开始说胡话，王道洪记得，儿子说了一句“真有意思”，他问儿子是什么有意思，回答是“你不会知道的”，之后的话，就已经含糊不清，难以分辨了。

关爱

大学同学为他捐款治病

家里接到100多个慰问电话

回忆起这7天，王道洪经常提到的一个词就是“累”，不过，一些问候的电话和短信，让他感受到了来自社会的关爱。

在5月10日本报关于王刚的报道见报的当天，王刚的父亲王道洪就接到了100多个电话，不仅有市民表示关切和慰问，其中至少5位市民表达了捐赠的意愿。王刚一位在武汉的大学同学，和在南方沿海省份的多位同学联系，为王刚筹集了五六千元的捐款，王道洪得以带儿子去荆州治疗。拖市镇张丰村二组的乡亲们，在并不富裕的情况下，也为王刚捐款

图11-2　十年前的王刚

1000多元。

王道洪最大的遗憾，就是没能知道儿子这10年在武汉到底是如何度过的。他曾经试着和儿子好好谈一次心，但是王刚总是说不了两句话就开始喘息，表达不了完整的意思。

王道洪说，王刚回家后曾经表示过后悔，他曾经两次想给家里写信，告诉父母自己在武汉的情况，想回家，但是两次都在写到一半的时候写不下去，最后将信纸撕碎丢进了垃圾箱。王道洪找到他时，王刚身上几乎没有任何东西，甚至连两件衣服，都是救助站的工作人员帮忙买的。

而王刚的三舅在伤心之余，更担心的是其他正在沉迷于网游中的孩子。他说，就在附近的张港镇，每到周末双休的时候，网吧里就挤满了上小学的孩子，去晚了甚至会没有地方。“警方查过，但是关了又开，就像在躲猫猫。”

唏嘘

“这些账号就是摇钱树”

王刚至死未说出游戏账号密码

王刚被葬到了村里的墓地里。一块墓碑，记录的是这个年轻生命最后的归宿之地。

记者在王刚家看到，在武汉的10年里，他没有留下一张照片，家里能找到的他最后的照片，是上高中时他在天门中学的留影，再往后，就是本报记者5月9日在天门市人民医院病房里拍到的他和母亲在一起的照片。

王道洪说，家里几乎没有留下儿子的任何物品，大学时的课本，他一直没有带回来；身份证也丢失了，而且在派出所里查不到换证的记录；剩下两张银行卡，不知道密码，没有身份证也不能挂失；剩下来的东西，就是20多个游戏账号。

曾有人发短信，要求购买这些账号，王道洪也想为儿子治病筹点钱，但他和儿子商量时，却当场被拒绝。儿子尽管讲话都艰难，但还是坚决地说了一句话：“这些账号就是摇钱树！”

王道洪说，儿子把这些账号看得非常珍贵，一直到最后都没有透露过密码等信息。而现在，随着王刚的去世，这些游戏账号，也成为被尘封的“遗产”。没有人知道如何启用它们，而且王道洪自己，也不清楚这些账号到底有什么用处，即使在记者跟他作了详细的解释之后，他还是表示，现在已经没有必要再去处理这些账号了。

即便从狭义概念出发，典型人物也分为指定型典型人物和非指定型典型人物。所谓指定型典型人物，往往是针对某个行业、地域或者某个特殊活动、特定场域中的表现突出者，由相关主管或权威部门，经过严密细致的筛选、甄别和审核后，赋予其特殊称号或标签符号。这些人物包括行业先进、社会模范和时代标杆等，所封的符号承继着守望精神家园、引领价值风向的寄寓。非指定型典型人物是指在特定环境和场合中，因偶然性事件激发而闪现出耀眼光芒的人物。他们的"先进性"和"典型性"与具体事件仅仅关联在一起，因某个偶发因素作用，形成社会关注力、感染力和影响力。

（二）普通人物报道

这里的普通，并非依照社会地位进行的身份划分，不是与"大人物"相对应的"小人物"概念，而是从新闻价值判断原则出发，在新闻事件链条中被认定为位置值并不突出的人物。

在正常情况下，这些普通人物的社会生活往往较为普通平凡，具有同质性和重复性，本身缺乏新闻性，难以成为有影响的新闻事件的主角。人们常常自谦为凡夫俗子或者一介草民，除表明自身社会地位外，亦是想说明长期处于社会注意力外围，未能进入新闻人物视野。

严格说来，普通人物因未能生产出新闻事件，一般不会进入新闻报道视野。但这一状况随着"走转改"活动深入持续开展，发生了明显变化。"走转改"是"走基层、转作风、改文风"活动的简称。2011 年 8 月 9 日，中宣部、中央外宣办、新闻出版总署、中国记协等五部门联合召开会议，决定为推动新闻工作者切实将群众观点、群众路线体现在新闻宣传实践中，促进新闻单位深入基层、深入群众进一步制度化、常态化，在全国新闻战线组织开展"走基层、转作风、改文风"活动。"走转改"活动启动后，全国新闻媒体纷纷组织采编人员通过体验、沉浸、观察等多种方式，记录各行各业一线员工的工作实况、实景，感知社会各个层面的奋斗行为和精神风貌。

于是，大量普通人物或群体的生活状态、工作状况和作业环境，成为媒体报道的热点议题，各行各业普普通通的小人物进入媒体报道视线，甚至成为不少媒体的主要报道素材和报道内容。为提升传播效果，媒体在具体实践中，往往会努力发掘其中的新闻价值，尽可能实现宣传需求与新闻报道策划的有机融合。

（三）公众人物报道

公众人物概念的提出，起源于美国，本质上属于社会学范畴。目前，对于公众人物的确定仍存在不少争议，但对公众人物具有的特征基本达成共识，即公共人物是指一定范围内拥有一定的社会地位、具有重要影响，为人们所广泛知晓和关注，且因此能从社会中得到巨大利益，并与社会公共利益密切相关的人物。社会知名度、社会地位和是否因此能得到巨大的利益以及能较长时间内影响社会公共利益，被认为是公众人物的构成要件，缺一不可，共同体现了公众人物的特性。

公众人物主要包括领导人、企业家、网红、歌星、明星、体育明星、社会活动家等，因其具有相应的专业引领力、社会影响力和示范力，并涉及公共利益，自然会成为媒体喜欢捕捉和报道的对象。这就要求公众人物不仅要有满足社会大众相应需求的责任和义务，同时要能自觉接受社会舆论监督。此种报道牵涉到隐私权问题。而我国相关法规规定，可以披露社会公众人物的有关隐私，为社会公共利益进行舆论监督；被监督人不得就此主张侵害隐私权。

有人提出，以行为人主观意愿为标准，公众人物可区分为自愿性公众人物和非自愿性公众人物；从所在社会领域，可分为政治性公众人物和社会性公众人物；从时间属性上，可分为完全的公众人物和有限的公众人物。这些划分更多出于法律意义考虑。从传播角度看，公共人物因对社会公共事务和公共关系卷入较宽较深，自然成为人物新闻报道的重点对象。

（四）特殊群体人物报道

特殊群体是个相对概念，具有多层含义。

首先，它可以指在整个社会系统中具有相对特殊性的某个特殊行业或群体，比如老年群体、快递小哥等。

其次，它也可以指在垂直行业或封闭系统中，细分出的某个特殊工种或岗位上承载特殊任务的群体，比如，护士、的士司机等。

最后，它还可以指有别于普通人的人群，他们往往有着独特的经历、经验、特长、缺陷或其他与众不同之处，比如，留守儿童、五保老人等。

还有人将精英人物划分到特殊群体人物之列。

顾名思义，既然被认定为特殊群体、特殊人群，那么其特殊性往往对应着新闻价值判断中的“稀缺性”，一旦与新闻事件关联到一起，所受关注的程度必然更高，因此也容易进入媒体凝视的重点对象。

三、人物报道认识误区

客观而言，一段时期内，我们在人物报道方面存在明显不足。一方面，在新闻事件中更为注重强调集体主义而忽视个体价值，导致人物报道选择往往侧重于群体报道。另一方面，对新闻事件中的人物挖掘往往体现为英雄式的赞美或敌人式的批判，导致人物报道的思路不能有效放开。

久而久之，在人物报道方面便出现了不少误区。譬如，一些人认为人物报道就是典型人物报道，典型人物报道就是高大全式的英雄人物报道；一些人认为人物报道就是公众人物报道，普通人物身上没有新闻，平凡人物没有报道价值；甚至还有人认为，人物报道特别是典型人物报道就是为了完成政治使命和宣传要求。

破除这些认识误区，需要从价值观念和新闻规律等多方面入手。否则，就可能是浅尝辄止。

四、人物报道策划原则

与事件报道相较，人物报道因人的主观性、能动性和复杂性，需要把握的地方更多，操作起来难度更大。因此，在进行人物报道策划时需要严格把握相关原则。

（一）必须不折不扣坚持实事求是原则，对所报道对象应全面客观评价，避免脸谱化

真实是新闻的生命力，也是新闻报道策划的生命力，如何保证报道人物的真实性并不是一件轻松自如的事情。

在早期影视作品中，“脸谱化”是人物塑造的普遍特点。人物一出场一开

口，从脸面和做派上立即就可判别人物归属。改革开放以来，“脸谱化”倾向渐有好转，但未能销声匿迹，以脸识人的潜意识依然根深蒂固，而且有时还以更加隐蔽的手段藏于作品之中。在新闻人物报道中，以点概面、以偏概全、一好百好的惯性思维仍大有市场。

2014 年 12 月，《传媒观察》发表《南京日报》评论部蒋维祥的呼吁：典型人物报道切忌“脸谱化”。

这篇文章引述了一个经典案例，简述如下：

> 6 年前汶川地震中勇救 7 名同学的“抗震小英雄”雷楚年，今年 11 月 3 日却因涉嫌诈骗罪，站在了被告席上。犹记得当年在联合集中报道这位“抗震小英雄”的文章中，雷楚年被描写成一个品学兼优的三好学生，一向关心同学，有情有义，所以，在关键时候，他用行动显示出他的英雄本色。6 年过去了，这个“讲情义”的少年诈骗的对象恰恰都是他周边的熟人甚至女友，这个当初被捧为“神”的英雄，以他的不义之举，让当初宣传他的媒体集体蒙羞。

六年间，一个孩子有可能从好变坏，但更可信的事实是当初媒体在报道这个典型人物时，对这个孩子产生了“一好百好”的主观印象，并沿着这样的思路完成人物形象的建构。

古人云：金无足赤，人无完人。真正真实可信、有血有肉的人物，并不一定没有不足和瑕疵，只不过在报道时要善于处理这些关系。遗憾的是，在新闻实践中，往往因为媒介发掘典型人物的需要，或者组织上出于对典型人物形象的维护，常常会有意删除或者屏蔽一些不利于人物真实度的素材和信息，刻意塑造成“伟光正”的脸谱，以致让受众觉得这些典型人物不可信。

在人物报道策划时，尊重人物的原始性和多面性，坚持客观真实性，有时甚至主动暴露“残缺之美”，反倒会增强可信度，让人觉得既真实又瑕不掩瑜。

（二）必须自始至终坚持时代性原则，尊重人物所处的时代背景，科学分析人物身上的历史烙印，避免拿不同时代的标准去做评价

每个人都是时代的产物，都或多或少刻有时代的痕印，脱离时代和历史背景进行报道策划，无异于掉入历史虚无主义。

1990年7月6日，一位女孩在四川绵阳悄然降生。虽然她的名字叫李佳佳，但她的生活与佳字无关，先是父母离异，后来丧父，14岁被迫外出打工。2012年，奶奶生病了，李佳佳回到了老家。

2015年，李佳佳开了一家淘宝店，为提高销量，尝试自拍自导美食视频。结果淘宝店没起死回生，视频却广受欢迎。她干脆关掉淘宝店，专心做起视频。这个女孩终于迎来了命运转折机会。在无数UGC视频制作者中，杭州微念科技挑中了她，2016年与其签约，打造美食博主。在微念科技的策划和推动下，2018年8月她重开淘宝店，2019年店庆期间销售额破2000万。

她的视频拍的都是中国传统美食和工艺，三月桃花开，她将其采来酿成桃花酒；五月枇杷熟，她摘来制成枇杷酥；中国传统诗歌式田园生活，在她的镜头里渐次铺展。

她叫李佳佳。不过，那是她曾经的名字。

她现在叫李子柒。

《中国新闻周刊》将李子柒评为“2019年度文化传播人物”，颁奖词是：“她是一位现实中的造梦者，也是一位让梦想成真的普通人，在乡间山野之间，她把中国人的传统而本真的生活方式呈现出来……”

关于网红李子柒的报道铺天盖地，其中不乏追名逐利的功利之作、捕风捉影的娱乐之作，但也有颇具深度的精品佳作。这些精心策划的作品共性特征之一，是充分结合移动互联时代大背景，解析内容创业、资本逻辑和个人命运之间的复合关系，通过李子柒这个人物代表和符号，表达高度激烈竞争状态下的社会心理期盼，以及人工智能和大数据等新技术在大众日常生活中的使用与影响。

(三)必须坚持情境性原则，充分观照人物所处的特殊情境，注意所处环境与人物言行之间的关系

考夫卡的行为环境论和勒温的生活空间论都把个体的心理因素注入客观环境的作用过程中，强调环境的作用取决于人的心理因素，强调人对环境影响的行为反应的主动性。美国心理学家布朗芬·布伦纳提出的社会生态系统理论认

为，个人的行为不仅受社会环境中的生活事件的直接影响，而且也受发生在更大范围的社区、国家、世界中的事件的间接影响。因此，探讨个体发展需要考察个体不同社会生态系统的特征。

这些理论都在揭示同样的道理：人是社会人，人与环境之间存在明显的交互作用。

从人物新闻报道策划来看，环境对人的认知和行为的影响，或者说人在不同环境状况下会产生不同的心理活动和行为反应，是客观存在的必然结果。如果无视环境因素，很可能难以描述和解释人物行为的合理性，从而让所报道的人物难以定位。

(四)必须持之以恒坚持公认的底线原则，避免因报道需要而有意变更社会道德标准，导致人物形象拔高或矮化

在一次先进典型人物报道研讨会上，武汉大学夏琼教授提醒媒体，要防止矮化社会道德标准现象，避免将一些人之常情的行为当成高不可攀、遥不可及的道德标杆来宣传。这种提醒不仅非常及时，而且很有针对性。从一定程度上讲，这也是近些年先进典型越树越多，示范效果不尽理想的重要原因之一。

在现实生活中，一些人的行为，比如爱岗敬业、尊老爱幼、勤俭节约、诚信守诺等，都值得肯定。但是否具有这些行为就可以树立为模范先进人物呢？答案应该是未必，需要结合具体情境来分析。否则，往小处讲，影响典型的示范作用；往大处讲，可能降低整个社会的道德标准和行为标准。

五、人物报道策划基本策略

作为新闻报道人物，往往具有稀缺性、话题性、代表性、典型性、故事性、对比性、冲突性等多维特征，只是在不同类型人物身上，某一个或某几个特征体现程度不同而已。

(一)典型人物报道策划

1. 各级组织评定或认定的典型模范人物

(1)人物基本特点

第一，报道对象被组织赋予了相关荣誉或“符号”，媒体自主性不大。这

些荣誉和“符号”明示了这些人物的社会价值，也基本锁定了报道策划的主要方向。

第二，报道对象的先进事迹往往体现在日常生活或工作之中，所提供的材料往往缺乏故事性，场景感和细节感不强。

第三，不少报道对象已不在人世，人物形象建构需借助他人讲述或二手资料进行“故事还原”，缺乏与报道对象直接交流对话，故而难以把握报道对象的心理活动。

(2)策划主要挑战

一是报道必须按规定方向进行，一定程度上就是命题作文。

二是报道对象事迹可能先进，但事例不明显，需要重新全面梳理和精心挑选。

三是报道对象先进事迹和资料所有媒体共享，增添了报道创新难度。

四是类似报道大部分采取集中采访方式，报道策划方案容易暴露。

五是报道组织单位随时可能干预报道策划方案，并完全可能不按新闻规律提出报道要求。

(3)策划基本策略

首先，按照组织确定的人物标签，寻找所有关联人，挖掘具体故事。所有人物报道，必须遵从故事性叙述原则，将所有的评价融入具体事例之中，作者应尽量避免对人物进行直接评价。

其次，按照组织统一部署的方向，结合时代特色，对“符号”进行通俗化、生活化转译，尽可能重新提炼出富有特色的新“符号”。

再次，按照以小见大和以大见小两种思路，对报道对象先进事迹进行发掘，尤其要注意时间和空间两个维度的利用，在时间跨度和空间环境上寻找突破。

最后，充分借助和结合外部反响，增加与受众之间的互动，并在互动中捕捉新的价值点。

(4)策划相关技巧

一是叙事取巧法。当人物缺乏新鲜度和可议性时，有时绞尽脑汁仍一筹莫展。在报道视角和内容无法创新时，精湛而新颖的叙事技巧可以起到弥补作用。

二是逆向思维法。模拟和分析常规报道内容与形式，有意破除常规思维，反其道而行之，另辟蹊径取得创新。

三是二次回炉法。基于集中采访普遍存在的不足，为在新闻竞争中脱颖而出，提前预设二次采访环节，将公共报道变成独家报道或独到报道。

四是视觉创新法。即在具体呈现形式尤其是包装形式上寻求突破，弥补内容方面未能胜人一筹之缺憾。

2. 非组织认定的典型人物报道

(1)人物基本特点

第一，报道对象具有明显个性特征，并在现实生活中可以找到能够“对号入座的同伴”。

第二，报道对象与普通人物最大的区别是他们身上的典型性，往往体现为其经历、品质、意志或命运具有普遍的代表性，但又因缺乏新闻性不被重视或难以报道。

第三，报道对象客观存在的社会性和时代性，主要依靠报道者进行定义和发掘。

(2)策划主要挑战

一是如何发现个体人物身上所具有的群体性特征，并形成共鸣效应。

二是如何寻找到报道由头，增强时宜性。

三是如何从报道对象中，挖掘到能够震撼心灵或者能给受众带来启示的元素。

四是叙事方式在整个策划中占有突出位置，精妙设计的叙事手法可以起到画龙点睛的作用。

继组织策划“雪域高原湖北人”和“天山南北湖北人”系列报道后，2011 年《楚天都市报》将异地湖北人的视角首次转向海外，精心策划了大型系列报道“大洋彼岸湖北人”，讲述湖北籍华人在美国奋斗打拼的故事。2011 年 10 月 19 日的报道，在叙事方式上进行了特别谋划。

老河口女孩：我要把硅谷嫁出去

她有什么样的特殊能量，能将硅谷“智者们”聚集在一起？

她有什么样的特殊当量，四年内打造出硅谷最大中文网媒？

一切猜想，随着她的出现，被彻底颠覆。

一切疑惑，随着她的讲解，被完全澄清。

图 11-3　雷虹接受采访

中文系女生意外成为编码工程师

早晨八点，清脆的手机铃声准时响起。

这是四年来从未改变的设置。

伸个懒腰，滑动手机，打开邮箱，回复邮件。有必要的话就拿起电话，布置一天的事务。

这是四年来从未更改的程序。

这样的一成不变，对她来说，曾经是不敢想象的事情。

23 年前，作为一名文学女青年，她从老河口市考上了珞珈山，聚精会神地"啃"着一部部世界名著。

19 年前，作为武大中文系才女，她走进中建三局编辑企业报，一丝不苟地对待每一个方块汉字。

17 年前，她申请到南加州大学信息管理专业攻读硕士，莫名其妙地走进了理科生的势力范围。

13 年前，在洛杉矶一家公司名正言顺地当上了程序员，挣得了第一笔用美元支付的薪水，也顺利完成了角色大转移。来美国时，根本不会用电脑，几个字母的位置都弄不清，只好从学校图书馆借了一本练打字的书天天操练。为什么要进行这么大幅度的转身？她说，读 MASTER（硕士）

时要通过编程考试，只好拼命学编程，没想到学下来，考试通过了，性格和兴趣都变了。

11 年前，网络泡沫破灭，华尔街哀鸿遍野，她所在的公司未能逃过灭顶之灾。

这场泡沫，让她深刻领会在美国就业的残酷性，却激起她创业的热情：一夜之间，好好的公司可能突然倒闭，不得不卷起铺盖走人。

这场泡沫，让她选择移居北加州，在一家生物公司里做数据库主管，继续行走在她“熟悉的新领域”。

没有波澜，没有起伏，她就这么淡淡地讲，犹如珞珈山桂园里此季飘散的味道，亦犹如此刻她手上端着的咖啡。你很难想象，坐在你面前的是硅谷最大中文网站的创办人，是在“速度与激情”的世界里正在升起的红人。

全美最大高科技中文信息服务商

推开窗户，92 号高速公路横亘眼前，飞奔而过的车流是窗外唯一的风景。

她不知道，在她看这道风景的时候，外面的人已经把她当成了风景。

这道风景如此吸引人，就像下面这则在全世界已经家喻户晓的故事：

19 世纪中叶，美国加州传来发现金矿的消息，许多人纷纷奔赴加州。17 岁的小农夫亚默尔也加入了庞大的淘金队伍。

越来越多的人蜂拥而至，金子越来越难淘，生活越来越艰苦。当地气候干燥，水源奇缺，许多淘金者葬身于此。

小亚默尔也被饥渴折磨得半死。一天，望着水袋中一点点舍不得喝的水，听着周围人对缺水的抱怨，亚默尔忽发奇想：淘金的希望太渺茫，还不如卖水呢。

于是，亚默尔从远方将河水引入水池，用细纱过滤，成为清凉可口的饮用水，一壶一壶地卖给淘金人。

有人嘲笑亚默尔，他却毫不在意。

结果，淘金者空手而归，亚默尔却靠卖水赚到非常可观的财富。

在旧金山华人眼中，她是大家身边的“亚默尔”。

2005 年前后雨后春笋般冒出的网络购物热潮，曾经让她心潮澎湃，急于赶场。虽然她对网络开发和经营的每个环节，已经了然于胸，但从参加一个又一个华人社区活动所搜集的信息中，她敏锐而理性地告诉自己：她不是做网络购物这道菜最好的厨师。

于是，她做出了“亚默尔式选择”：既不做高科技研发，也不做生产，而是选择为高科技企业和产品服务，专心致志做高科技领域最大的中文网站，为中国和海外华人提供高科技领域的信息交流和搜索服务。

这一年，是2007年，她创办了“九九人”专业网站，服务全球华人。

哪里有高科技交易会？某个领域最新研究成果是什么？诸如此类的问题，从“九九人”上都可以找到答案。

她说，“九九人”是高科技领域的“销品茂”，她是“硅谷红娘”，她要“把硅谷嫁出去”。

搭建光谷和硅谷“鹊桥”

中国经济一枝独秀，荆楚大地华美蝶变。

在她眼里，解读出的最有效信息，是中国这趟高速列车上处处蕴藏着的商机。

她自认为“决策快、执行快”，对眼前千载难逢的诱人商机自然不会放过。

2008年，“小女子”成功当选有22年历史的硅谷中国工程师协会会长。

硅谷和中国的关联，很自然地演绎为她的生意，成为她日渐突出的主营业务。

于是，从旧金山到中国，从中国到旧金山的航班上，每月都会有她的身影。

2010年，时任襄樊市委书记唐良智访美招商，任命她为襄樊高新区驻美国招商站代表。

硅谷和湖北的关系，很自然成为她考虑的主体，成为她发挥运用的最佳资源。

于是，从武汉到襄阳，从襄阳高新到东湖高新，常常可以遇到她。

今年10月，她历经半年筹备的“2011美国硅谷高科技创新创业高峰会”，已经应允出席的嘉宾包括美国前总统克林顿、雅虎掌门人杨致远等等等等，预计参会嘉宾不少于800人。

如果有更多的光谷人参会，她会觉得自己的努力更有价值；可能的话，可以把峰会搬到武汉去。

这是在我们采访结束前，她表达的唯一期许。

按照她的设计，创业高峰会将会成为硅谷年度品牌活动。

按照她的设想，“九九人”不久后要在纳斯达克上市。

似乎一切都在她的设计之中。

或许因为，她是中文系毕业的编码工程师雷虹。

(3)策划基本策略

一是自定义人物标签，首先要确定人物最鲜明的个性特点，尽可能围绕点而非面做文章。

二是寻找从典型性转向非典型性，或从非典型性转向典型性的机会，从而彰显所报道人物的意义。

(4)策划相关技巧

第一，注重平民化视角，切勿上纲上线，或者简单穿靴戴帽，以平常人之心、平常人之视角看待人物。

第二，注重发掘人物身上积攒的冲击力和爆发的感染力，精选温暖人心的故事。

第三，注重采取白描等表现手法，自然清新，回味无穷。

(二)普通人物报道策划

普通人物报道的最大张力是什么？

是道德和人性之美，是在万千平淡和平凡之中蕴藏的人性光辉和道德光芒。

是不屈和不挠之美，是面对生命无常和人生苦难时展现出的顽强生命力。

是真诚和善良之美，是以本真的纯朴和友爱善待复杂的世界和叵测的人群。

普通人多藏于民间，自然就应按照坊间的规则、标准、心理和旨趣去评价这些人物，在普罗大众的世界激起涟漪。

1. 策划基本要求

(1)小人物能够折射时代特征或变迁，小人物可凝结为时代的缩影，提升报道意义，即所谓小人物大时代。

(2)从小人物的悲欢离合中反映社会百态、世间民情，即从微观微小视角记录社会实况。

(3)从个体的际遇中找寻普世价值观，发挥或鼓舞或教育或警示的功用。

2. 策划基本策略

(1)体验是引起受众共鸣的有效手段。普通人物报道的策划，首当其冲是要懂报道对象，不仅知道他的故事，更要理解故事背后的成因和感受。因此，深入实地了解报道对象所处的环境，体验其现实生活，感知其真实心理，分享其喜怒哀乐，是非常重要的环节。只有充分了解了这个(些)人物，才可能抓住他(们)最突出的特点，从而确定人物定位。

著名新闻人詹国枢先生是新闻人物报道的高手，在著作《豪华三轮》中收录了不少人物报道名篇。其中这篇《豪华三轮》(注：篇名和书名相同)，生动讲述了北京三轮车师傅张双利爱岗敬业、吃苦耐劳、勇于创新、乐观向前的故事。人物形象和特征之所以栩栩如生跃然纸上，与隐藏在字里行间的拉家常式采访手法不无关系，没有这种“过了心的交流”，所报道人物不可能在记者面前如此放松地表现自我。

(2)归并同类项是放大报道价值的有效途径。普通人物可能没有典型人物身上直接显示的“典型性”，但亦因普通，则更可能在茫茫人海中找寻到同命运、同遭遇的人。一个普通人物背后很可能站着一批类似的普通人，大家具有相似的经历或感受，这为将某个普通人物的故事放大到同类中提供了机会，实现“在他人身上能找到我的影子”，由此也放大了人物报道价值。

(3)贴近受众的共同兴趣点是有效法宝。2010年，湖北一家知名报纸的市场零售出现了异动，报社负责人到报摊了解情况。摊主回复说，零售量增长乃该报正在推出的小说连载导致。这部与电视台播放进度完全同步的连载小说叫《婆婆来了》。婆媳关系是几千年来中国家庭内部最复杂最具争议性的话题，《婆婆来了》讲述了80后城市媳妇与乡下婆婆间针锋相对的故事，包含了城市对城市、城市对农村以及农村对农村三种不同的婆媳形态。一部小说连载对报纸零售形成明显拉动，看似出人意料，实则理所当然，因为婆媳关系具有广泛的“议题基础”和“受众参与”，极度贴近千家万户的共同兴趣。

同样道理，普通人物报道策划要让普通人物在更广泛的普通大众中寻找到“最大公约数”和“最广认同感”，必须在议题设置中尽量围绕受众共同兴趣点展开。

(4)微故事是打动人心的重要力量。这是一个讲好故事比写说明书更重要的时代。美国著名管理专家安妮特·西蒙斯认为，故事思维是影响他人、解决问题的关键技能。为此，西蒙斯将故事思维应用于商业领域，提出每个人都应该学会讲的六个故事：相信我的故事、我是谁的故事、我为何而来的故事、愿景的故事、授人以渔的故事、自己经历的故事。① 在普通人物报道策划中，故事尤其是微故事是打开受众心灵的密匙，也是影响他人的柔性力量。在细节中塑造人物性格特征和精神风貌，在情节中铺展人物与众不同和与众相同，在具象的场景中刻画或烘托人物命运，都远比直截了当的评论更能入木三分。

(三)公众人物报道策划

1. 人物基本特点

(1)注重人设，具有较高的外在辨识度。大众对公众人物的关注，可从信息功能视角、社会功能视角和历史功能视角去分析。对应地，每个视角就成了展开策划的主要方向。公众人物具有“获利性”，因此从信息功能视角看，他们具有主动提供公共信息和部分个人信息的责任和义务。这也是国内外一些公共事务或活动开展过程中，公众人物被要求甚至被强制性要求必须接受媒体采访的依据所在。在此层面，人物身份、信息质量和披露方式是最基础的策划起点。就社会功能层面而言，公众人物的社会人格、行为规范、道德表现，不仅是其人设的关键元素，也是其具有怎样的社会效应的关键指标。历史功能主要体现在特殊的历史空间下，公众人物的表现、作用与启示，是从更长的时间窗口去打量公众人物的历史方位、个性舒展和心路历程。

(2)注重场合，具有一定内外“分裂性”。公众人物比较注重在公共场合的言行，会刻意打扮自己在公众中的形象，有可能会出现人物形象的内外“分裂”。按照戈夫曼的说法，就是印象整饰的前台行为和后台行为不一致。

(3)注重舆论，具有公共关系意识。个人形象管理理论认为，人的形象管

---

① [美]安妮特. 西蒙斯：《故事思维》，俞沈彧译，江西人民出版社2017年版，第48页。

理主要包括三个步骤：内在、表达和公关。内在实力、表达能力和公关活力三者之间相辅相成、互为影响。在此基础上，该理论进而提出形象力公式，即形象力=内在实力×表达能力×公关活力。作为公众人物，个人形象的打造与维护是核心，相关报道策划需要高度重视舆论的相关反馈。

(4)注重隐私，具有权益保护意识。虽然社会大众对公众人物具有监督权，社会对公众人物的公德和私德要求相对严格，但所有的监督必须在合法的前提下进行。与此同时，公众人物对自身合法权益的保护意识比普通大众强烈，在工具使用和处置经验上往往具有优势，因此相应报道策划应在法律框架下设定必要边界。

2. 策划主要难度

(1)难以保证持续的创新性。公众人物常处于聚光灯下，可供策划的新素材难以得到有效保障。同时，因曝光度充分，策划也难以保证持续的新颖性和创意性。

(2)对公众人物社会和历史意义的客观评估难以保证经得起历史的检验。环境可造人，世易亦时移，对公众人物的把握需要按照阶段性进行假设。

3. 策划基本策略

(1)紧扣“公众”二字，从公共环境、公共规则出发，寻找与公众交汇的关键点，回到公共空间中进行审视。

(2)逆向思维。从“私”字出发，从人物身上的“私性”面，挖掘人物的“公共性”。

(3)追逐个性。公众人物的个性既可以展现人物风格，又可以让话题放大。更重要的是，应避免人物报道面面俱到，而应有所为有所不为。

(四)精英人物报道策划

2016年1月13日，《中国青年报》冰点周刊发表记者从玉华的长篇人物报道：《湍流卷不走的先生》。

这篇上万字的精英人物报道讲述了“两弹一星”元勋郭永怀的遗孀，被称作“中科院最美的玫瑰”“中关村的明灯”“年轻的老年人”李佩先生的传奇人生和崇高精神。

这是一篇精英人物报道的经典之作。著名新闻评论人曹林忍不住公开赞美说：“也许只有冰点记者才能写好李佩先生。”

12
冰点 特稿
第993期
湍流卷不走的先生

图 11-4　《冰点》版面图

这篇优秀作品体现了精英人物报道策划的关键技巧，主要采用了四个视角：

一是从平等平民去精英视角讲述精英人物的传奇，展现精英人物与众不同的人生，将仰视隐藏在字里行间，让精英人物能落地。

二是从生活视角记录精英人物，通过家长里短、生活趣事展现精英人物的生活气息和烟火味，让报道对象接地气。

三是从精神视角反映精英人物的精神世界，通过精神能量和行为趣味展现其精神领域的不同凡响。

四是从历史视角解读精英人物的历史定位，通过综合贡献展现其不朽的历史功勋。

(五)群体人物报道策划

群体人物报道是人物报道中的特殊类型，但并不罕见。有时又称群像式人物报道。群像式人物报道旨在通过群体人物的刻画与描摹凸显人物的集体形象。在新闻实务层面，群像式报道手法主要应用于正面典型新闻。自2004年以来，伴随需求多元化发展与媒体探索，新闻理念逐渐突出以人为核心，报道视角不断下移，中国式人物特稿逐渐崭露头角，较之传统通讯更加注重人文关怀。① 近年来，群像式人物报道在手法与内容上发生了深刻的嬗变。

1. 策划主要难度

(1)涉及报道对象较多，整合难度大。群体人物报道多具有报道主题，但因涉及的报道对象较多，如何时刻聚焦主题，具有挑战性。比如，有的群体人物报道实际上覆盖了某个团队甚至整个单位，素材如何科学取舍，人物如何精准定位，都是难题和考验。

(2)每个人物个性发掘具有分散性，耦合难度大。群体形象建立在个体形象塑造基础上，但每个人物的个性不同，发掘方式也不同，如何既坚持整体形象的统一性又能保持个体形象的独特性，知易行难。

2. 策划基本策略

(1)锁定群体人物的共性符号和时代价值，提炼出三到四个关键词，串连成整体策划脉络。做好群体人物报道策划的精妙之处，不是做加法，而是做减法，即在相应的时代背景和纷繁复杂的材料中，梳理出一条主干，然后围绕重点枝节有序推进。在这个过程中，最关键的是要削减大量与主题或主线关系强度较弱的信息，减少不必要干扰。

(2)确立关键核心人物。群体人物报道在对象选择上必须有取有舍，有轻

① 赵泓、陆欣：《群像式人物报道策略分析——以〈人物〉杂志为例》，《中国出版》2014年第1期，第8页。

有重，但核心人物确定的唯一标准是最能展现所报道群体的集体形象的关键人物，以形象关系而非科层等级或其他因素为准绳。

(3)叙事方式创新。比如，可采取连续报道或专栏报道等方式，也可采用述评或组合式文体报道方式。

(4)舆论维度运用。充分结合群体的感召力和舆论反馈，加强互动性，丰富报道议题。

六、突发事件中的典型人物报道策划

——以《信义兄弟 接力送薪》系列报道为例

2012年，著名新闻人、中国新闻奖评委范以锦、郭家轩先生在《新闻战线》第11期发表专评文章。全文如下：

责任媒体书写百姓情怀

在刚刚落下帷幕的第二十一届中国新闻奖评选中，楚天都市报刊发的《信义兄弟 接力送薪》系列报道获得了一等奖。《信义兄弟 接力送薪》系列报道，正是紧紧把握住了时代的脉搏，成功地抓住了具有鲜明时代特征的普通百姓的典型，展示其诚信为上的宽厚情怀，无疑为当前社会道德与责任缺失、社会诚信沦丧的某种现状注入了一针强心剂。从新闻的表现形式来看，它以敏锐的新闻触角、灵活多样的写作手法，全方位展示了受社会关注的农民工题材。该系列报道能够在众多优秀参评作品中夺魁，当之无愧。

从求助电话中挖掘出大新闻

2010年春节前夕，楚天都市报接到了孙东林的求助电话：他的5位亲人在10天前的一起重大车祸中遇难，希望通过该报得到帮助。然而在采访的过程中，记者却发现了孙东林代兄为农民工发工资的感人故事。武汉市黄陂区建筑商孙水林原本在天津弟弟家小住，在得知近几天部分路段可能会因雨雪封路后，他决定赶在封路前回武汉给农民工发工资，于是连夜带着26万元现金和妻女驾车从天津出发，在途经南兰高速开封县陇海铁路桥段时，不幸发生重大车祸，一家5口全部遇难。弟弟孙东林强忍着巨大的悲痛，还未来得及安葬哥嫂一家，就在第一时间驱车赶回武汉老家，拿着哥哥留下的26万元、自己积蓄6.6万元以及母亲养老钱1万元，一起交到了60多名农民工兄弟手上，替哥哥完成了心愿。

一件看似很普通的事，但却引起敏感的新闻人的关注。楚天都市报迅速成立报道小组，对该事件进行深度挖掘，以《信义兄弟 接力送薪》为题进行了系列报道。综观报道，语言朴实、故事生动、事件翔实，细节感人至深，写作手法灵活多样，综合运用了叙事、描写、抒情、议论等手法，在客观表述事件、描写人物细节的同时，适时地加入了一些抒情议论文字，人性光辉、社会大义娓娓道来；既起到了画龙点睛的作用，同时也增强了报道的感染力。

报道迅速引起人民日报、新华社、中央电视台等数十家国内外重要媒体，以及新华网、新浪网、搜狐网等大型门户网站的跟进报道，先后得到中央、湖北省主要领导批示。"信义兄弟"成为2010年全国媒体报道非常集中、打动人心的典型事件和典型人物。在成千上万读者、观众、网友盛赞声中，"信义兄弟"成为感动中国的人物。

回顾此次系列报道，楚天都市报紧扣时代热点典型，以敏锐的触角，深入报道了这一"生死接力，永不欠薪"的感动世人、彰显时代精神的题材，反映了该报高度的政治敏感和新闻敏感。此次报道作为楚天都市报主流化转型的成果，做得较为深入，社会影响力巨大，体现了责任媒体抒发百姓情怀的报道理念和报道风格，是都市类媒体为实现责任意识与时代担当所做出的重要实践。

强烈的时代特色和震撼力

系列报道之所以能打动读者，最重要的是作品紧扣时代脉搏。作品强烈呼唤：时代需要"信义"精神。

当重温"信义兄弟"感人事迹时，人们也许会产生这样的疑问：既然雨雪封路，建筑商孙水林完全可以在天津过年，等来年再回乡付清农民工薪水，他为何非要连夜冒险上路？哥哥一家遭遇不幸，弟弟孙东林完全可以先处理哥哥一家后事、照顾家人，待一切妥善后再去处理其他事情，更何况自己也急需用钱，为何他强忍痛苦替哥哥发放工钱？《信义兄弟 接力送薪》系列报道，回答了这一问题：这一切都是因为"信义"两个字。系列报道告诉了读者"新年不欠旧年薪，来生不欠今生债"，这是兄弟俩的承诺。每年大年三十之前，兄弟俩一定要结清所有工钱。也许某些人不能理解这些行为，但这也恰恰反映出孙氏兄弟精神的可贵。记者通过深入采访，详尽介绍了这对从贫寒家庭走出来的兄弟，20年始终坚持不拖欠工钱，用实际行动践行着诚信的精神。对他们来说，20年来对信义的点滴坚守，也许是件“再平常不过的事”，但这份经过时间和岁月考验的执著，却让我们每个人都感到了难以言喻的温馨、感动和震撼。

《信义兄弟 接力送薪》系列报道，具有很强的针对性。当前社会转型时期，社会诚信体系尚未健全，农民工问题层出不穷，尽管党和政府一再强调企业必须及时付清农民工工资，但农民工讨薪难、拖欠农民工工资等新闻报道仍然屡屡见诸报端，农民工基本权益得不到保障。社会上一些黑心企业、商人为了躲避农民工讨债，雇用社会闲散人员威胁农民工甚至大打出手，抑或农民工必须通过非常极端的方式才能讨要到薪水。

在这样的背景下，强调社会诚信，弘扬中华民族传统美德，完善社会诚信体系就成为建设和谐社会的关键所在。而孙氏兄弟的信义精神，正是当下社会迫切需要的。《信义兄弟 接力送薪》系列报道，就是抓准了这一社会问题，并深入挖掘出普通人物身上所具有的社会主流新闻传播价值。在构建和谐社会的背景下，这一题材的震撼效果和社会认知价值都非常大。所以，“信义兄弟”的事迹，马上就引起了社会广泛的关注和讨论。“新年不欠旧年薪，来生不欠今生债”，就是这种铿锵有力的声音回应了社会广大农民工希望改变现状的呼喊；同时，也为国家和政府解决农民工讨薪难题，倡导社会诚信提供了道德典型和模范。

多角度多层面提升价值

从新闻传播的角度来看，一篇好的报道往往具备主题集中、鲜明，题材新颖、贴近大众，各篇章逻辑严密、相互照应，视角丰富、步步深入，组织、策划性强等特点。《信义兄弟 接力送薪》系列报道，紧紧围绕孙氏兄弟信守诺言、决不拖欠农民工工资的主题，通过精心策划，有序地从不同角度不同方面对事实进行了报道，在百多个显要版面刊发消息、特写、通讯、评论等新闻报道216条，对“信义兄弟 接力送薪”这一重大时代典型进行了全方位报道，完整、全面、紧凑地再现新闻事实，让读者体会到对事实多角度多层面报道的深度。

整个系列报道通过展示典型、扩大效果、提升价值三个部分，线索清晰，环环相扣，前后照应，完成了对“信义兄弟”事迹的完整报道。

捕捉细节，展示典型。报道开篇《为了哥哥的遗愿，弟弟代兄发工钱》安排在头版头条，叙述了整个事件经过，用捕捉到的信守诺言的感人细节，吸引了世人关注的目光。楚天都市报从2月21日开始报道孙氏兄弟的故事后，先后介绍了孙氏兄弟的出身背景、20年来不拖欠工资的事迹、孙水林连夜回家的具体细节、孙东林替哥哥发工资的情景等。我们从报道中可以完整地看到，孙水林、孙东林兄弟俩人出身贫寒，早年辍学外出打工，生活不易，之后组建了一支建筑队伍，开始靠承包一些装修工程来赚钱养家；20年来不管兄弟俩有多困难，但工人的工资却从未拖欠，孙水林更是多次拿出自己的积蓄垫付工资；在屡次"被欠薪"下却仍能坚守那份对"不欠薪"的执著。

同时，系列报道通过孙水林生前同事、工友和邻里乡亲对他的回忆：不忘师恩，为人仗义，照顾邻里、乐善好施等，让读者真切感受到在他身上所折射出的人性光辉。孙水林一家五口遇难，二女儿因在武汉实习幸免于难，年迈的母亲被瞒六天六夜，建筑工人怎么也不相信"没想到人死后，工钱还能领回来"。系列报道表现出的对这些有血有肉的人的关注，使整个人物形象更为丰满，更为生动；它对事故后孙水林身边人物的细微描写，让流淌在人们血液中的感动之情更为真挚、深刻，更凸显出坚守信义，平凡中见伟大的种种可贵。

深入挖掘，扩大效果。在赢得报道先机后，报纸对事件进行了扩展和深入挖掘，在展示人物典型的同时使报道不断掀起高潮。

"信义兄弟"事迹见报后，引起了巨大的社会反响。为扩大效果，在"系列报道"的策划中，该报及时报道各方面的强烈反响。刊发了中央电视台、新华社等中央媒体对"信义兄弟"事迹的报道，如2月23日，在A04版头条位置刊发文章《央视〈新闻联播〉盛赞信义兄弟》；24日刊发《人民日报新华社聚焦信义兄弟》；27日刊发《央视〈新闻1+1〉昨晚连线孙东林，信义兄弟推动良心的互动》，以及26日在A02版头条转发人民日报《人民时评》文章《接力送薪彰显的道德力量》。

除此之外，还注重了对社会其他各界反响的报道。首先是对孙水林生前的同事、工友、乡亲的采访。通过他们对孙水林的评价，进一步丰满了孙水林的形象，引起人们对孙水林以及其家人的关注。其次是报道了民间百姓和网友的热议。2月23日，刊登了报道《新浪众多博客热评良心工钱》，摘录了多名网友的看法；在同版，还刊登了《接力送薪故事风行网络》《黄陂满街热议孙氏兄弟》等文章。对人民群众盛赞“信义兄弟”言论的报道，能够映射到读者个人，感染了更多的群众，使得“信义”精神能够深入广大民众内心，带动更多的人去学习“信义兄弟”的行为。最后是建筑业同行等对“信义兄弟”的看法。在《信义为本，鄂商精神》的报道中，企业商会会长陈东升赞扬“信义兄弟接力送薪，在大悲大恸中展示了人性光芒”，“只有诚信才能在商道上走得更远”。所有这些社会舆论都真切地反映出“信义兄弟”报道对社会各界的震撼影响。

揭示内涵，提升价值。在系列报道中，通过运用大量新闻评论，理论与现实结合，从深层次揭示“信义兄弟”作为典型人物所包含的时代价值和内涵。2月21日刊发的《道德与责任的光芒比太阳还要灿烂》、23日刊发的网友评论、26日刊发的《接力送薪彰显的道德力量》以及27日刊发的《信义兄弟应成为社会行为的坐标》等，分别从道德与责任、诚信的时代价值、呼吁全社会学习等角度诠释了“信义兄弟”事迹所蕴含的价值和意义。系列报道以多篇党和政府以及社会团体倡导全社会学习、弘扬“信义兄弟”先进事迹和崇高精神的报道作为结尾，体现出党和政府对“信义兄弟”精神的肯定。“信义兄弟”的事迹被报道后立即引起了中央、地方各级政府部门的高度重视，相关领导多次对报道做出重要批示并召开专题会议，孙氏兄弟相继获得全国五一劳动奖章、道德模范奖等表彰。2月27日，湖北省建筑业协会号召建筑行业向“诚信兄弟”学习，以诚信为立身、壮大之本。3月1日，湖北省领导做出批示：“信义兄弟是时代楷模美德丰碑。”这说明“信义兄弟”的行为正是当前国家精神文明建设的典范，现代社会的发展、和谐社会的构建需要更多的像“信义兄弟”一样诚实守信的人。

《信义兄弟 接力送薪》系列报道，通过扩大报道面，集中、多层次地报道了社会各界的反响，一方面意在报道“信义兄弟”在全国范围内产生的广泛影响，利用国内新闻媒体的报道和权威言论产生良好效应，以丰富的信息形成强有力的舆论环境，扩大与提升了“信义兄弟”的现实影响；另一方面从整个社会的高度和广度扩大了报道的影响力，对进一步宣传“信义兄弟”的先进事迹、树立时代楷模道德模范，弘扬社会道德与责任起到了重要的作用。

范以锦、郭家轩先生对“信义兄弟”这一重大典型人物的发掘过程、时代意义和报道特色给予了全面评析。“信义兄弟”这组人物最大的特点是在突发事件中挖掘的草根人物典型，既不属于传统典型人物范畴，又超越了普通人概念。近年来，类似从突发事件中发掘平民典型人物的报道范式不断成熟，但“信息兄弟”是其中名副其实的开拓者和引领者。

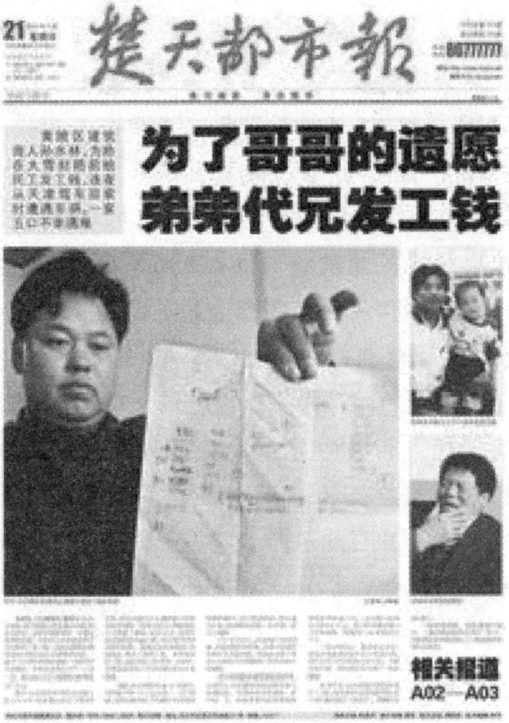
楚天都市报

为了哥哥的遗愿
弟弟代兄发工钱

相关报道
A02—A03

图 11-5 《信义兄弟，接力送薪》系列报道开篇版面

这组报道能获得“该系列报道能够在众多优秀参评作品中夺魁，当之无愧”的嘉许，归功于完整而完善的报道策划。这组报道策划充分贯彻了下列策划策略。

一是从突发事件中寻找人物符号。一线记者现场获悉相关信源并反馈给编辑部后，结合当时总理都亲自出面帮农民工讨工钱的宏大背景，《楚天都市报》编委会立即判断这是一条极具新闻价值的信息。首组报道推出的当天下午，编辑部迅速组织召集新闻传播学和社会学专家召开专题会议，给予这对兄弟“符号配给”和“意义赋予”。经专家们反复讨论，最后一致认可湖北日报传媒集团高级记者熊家余提出的“信义”二字，“信义兄弟”由此得名，不仅强调社会信用，而且褒扬为人道义。

二是从草根人物中发掘亮点。“信义兄弟”的最大亮点并非一处，而是两处：一是哥哥孙水林为了不欠农民工工友工资，毅然冒雪返乡。二是弟弟孙东林与这事本无法律意义上的任何关联，但同胞兄弟为捍卫家族祖训，毅然接续了哥哥未完的事务。哥哥的行为本已伟大，弟弟的加入更是光芒万丈，凸显了普通人的人性光辉。

三是从时代背景中找主题。拖欠农民工工资一度是社会顽疾，上至总理下至地方有关部门，都在为及时兑现农民工工资奔走呼号。“信义兄弟”的事迹，与当时的社会现实形成强烈对比，增强了新闻价值含量。

四是从事件进程中去推动。报社在策划伊始就反复强调，整组报道必须因事而起，核心是讲述他们的故事，在事情的动态推进中层层演绎其故事涵义。为了严格遵循报道的规范性，《楚天都市报》组建了不同文体报道小组，各自分工，各司其职，互不打搅。

五是从同行合作中寻共赢。“信义兄弟”能够誉满神州，与人民日报、新华社、中央电视台、光明日报等中央媒体，以及数百家地方媒体的密集报道密不可分，大家同唱一首歌，声音自然更加响亮。尤其是中央电视台的连续报道(其中新闻联播四次报道)，快速扩大了人物的社会影响力。

六是从高层切入中扩影响。“信义兄弟”先进事迹获得多个层次多位领导的批示，《楚天都市报》充分运用高层对此事的切入态度，引导报道一波接一波，一个高潮接一个高潮，从而将一个个体事件有机升华为公共舆论话题。

七是从受众反响中找互动。广泛引导受众积极参与，及时收集受众反馈的意见，精心营造互动话题，并在次日报道中充分体现，从而提高了报道话题的覆盖能力。

八是借延伸产品塑造品牌。“信义兄弟”事迹拍成了电影、登上了话剧舞台、出现在了连环画中，“信义兄弟”当选为感动中国人物，组建了帮助千千万万农民工的信义兄弟公司。一切关于“信义兄弟”的品牌宣传和延展，楚天都市报都及时进行充分报道，从而借助各种媒介、各种机会有效拓展了“信义兄弟”品牌知名度和美誉度。

【思考题】

1. 人物报道分为哪些类型？各种报道特征是什么？

2. 人物新闻报道策划原则有哪些？

3. 人物新闻报道策划有哪些策略？

第十二章　其他分类报道策划

新闻报道可从多种维度进行分类，按报道内容(对象)来划分是大众最熟悉的形式之一。其中，除突发性事件报道和人物报道外，又以现象报道、专题(主题)报道、专刊报道最为常见。这里简单介绍一下相关分类报道策划要点。

一、现象新闻报道策划

现象新闻是一种重要的新闻类型和独特的新闻现象，这类新闻报道不停留于具体事件，而是按照由点及面、由特殊到一般、由表及里逐步深入的逻辑展开，因而对记者的洞察力和解析力提出了较高要求。

(一)现象新闻主要特点

1. 普遍性

只有在较大范围、较大频率上经常和普遍发生的事情，归拢起来才可以称之为现象，故而现象新闻是媒体围绕某个时期内集中出现或普遍存在的某种社会现象进行的客观报道。

2. 感知性

现象之存在，受众有普遍感知，认同此类现象确实存在。

3. 影响性

某种现象对人和自然产生了较明显的直接或间接影响，才能引起人们的关注，报道也才具价值。

4. 新颖性

一般在新近的时间周期内出现，之前媒体没有报道或报道极少。

經濟日報
ECONOMIC DAILY
关广梅现象

图 12-1　1987 年《经济日报》刊发的“关广梅现象”，开新时期我国深度报道先河

(二)现象新闻报道策划要则

1. 现象成立

既然上升为现象，自然具有一定共性。虽然可以具体案例为分析样本，但在具体样本之外这一现象必须具有“普遍存在”的明证。所以，此处的现象是一连串具体事件的聚合，是某一类事件共性的抽象化。

2. 具有价值

大千世界，包罗万象，各种各样的现象层出不穷，但并非所有的现象都具有新闻价值。一般而言，进入新闻报道视野的社会现象，往往与社会热点痛点或疑点难点等存在紧密关系，符合新闻价值判断标准。所以，报道策划并非无事生非、无病呻吟，而应言之有物，表达社会关注、回应社会关切。

3. 体现时效度

现象新闻并不一定是当下热点，但在报道时需要结合现象形成的历史背景和过程，同样注重报道时机选择，追求共时效度。时间点可以选择在现象刚刚出现时，也可以选择社会普遍关注时，还可以放在现象即将发生明显变化时，具体报道时机选择需要灵活安排。

（三）现象新闻报道策划的具体方法

1. 发掘标志性的“现象符号”

现象报道既然是对某类事实从个别到一般的规律性发掘，就必然运用到归纳方法，由点到面，由表及里，综合同类项之精华，集束公约数之精髓，分析现象背后的本质。具体而言，需要在事实归拢过程中发掘“共同符号”，这个符号既能体现某种现象的要素和实质，又便于传播和记忆，具有现象赋予的标志性。这个符号有可能是某个代表性人物、群体或者企业名称、品牌，比如，“关广梅现象”“李子柒现象”；也可能是某个典型性地域或某个部门组织，比如资源依赖型城市转型的“东北现象”、产业聚集发展的“佛山现象”；还可能是某种社会行为的核心特征或标志，比如“网络直播带货现象”“青年啃老现象”“招商 JQK 现象”……通过发掘和命名这些标志性“符号”，为相应现象烙上明显痕印，清晰传递价值主张。

2. 发掘代表性的“样本”

在抽象的现象背后，是一个个具象的样本，这些样本就是报道策划落地时的一块块脚踏板。从大量类似样本中找出那颗最亮的星、采到那束最长的穗，是报道策划需要迎面解决的难点。一般说来，代表性“样本”选择需要注意以下几点：一是所谓代表性实际是指具体样本所拥有要素的齐全性，即要能涵盖这个现象所包含的要素。二是样本具有可解读性，从样本出发可以充分解析现象背后的本质，或者推测到某种趋势。三是样本具有发散性和可议性，由一个人可以发散到一群人，从一件事可以延伸到一堆事，从而易于引起社会关注和讨论。

3. 挖掘深入浅出的故事

现象新闻由于缺乏具体事件诱发，容易变成抽象性述评，表达枯燥无味，难以引人入胜。做到叙事有声有色，需要以深入浅出的故事为支撑，通过提高可读性，实现传播强效果。

4. 设计报道策划施工图

报道中，应追溯现象产生的缘由和条件，追踪现象演进的可能和状况，追析现象导致的影响和利弊，追问现象何以一路走过来、如何一路走下去，借助舆论反馈增强与受众的互动。换言之，需要从现象根源和因果中寻找突破，从现象蔓延和趋势中展开剖析，从关系和影响中展开解读，从互动和讨论中形成引导。

二、专题新闻报道策划

专题报道是对现实生活中具有典型意义和较高新闻价值的新闻人物、事件、问题、社会现象等，有意识有组织地进行集中式、深入式、完整式报道的活动。因为报道内容往往具有专门性和主体性，不少人经常将其与主题报道等同。准确地说，主题报道是最具代表性的专题报道，是分析专题报道绕不开的类型。

（一）专题新闻主要特点

1. 内容显要

但凡采取专题报道，说明报道内容重大，受众普遍关心。常见的专题报道主要包括重大事件专题、重要政策专题、热门人物专题、重要社会热点专题等。这些新闻社会关注度高，需要细致解读信息，全面分析里外，积极满足社会需求。

图 12-2　2014 年《楚天金报》“甲午行思”专题特刊

2. 主题明确

不管所设主题是事件、人物、现象还是其他内容，凡是与主题相关的各类报道，不分报道文体、报道形式和报道面向等，都可集纳进专题中来。在几乎无容量限制的互联网专题新闻，不仅可以链接过去的存量报道，还可以动态吸收新增报道。有的网站和平台还对链接内容进行归类管理。

3. 形式多样，包罗万象

报道中各种表达方式和元素可以充分利用，报道形式各式各样，报道视角千姿百态，彼此或相互独立或互相配合，构成共同的"专题"。

（二）关于主题报道

（1）广义的主题报道是专题报道的特殊形式，也是其最为常见的形式之一。相较于专题报道，主题报道的外延更宽，只要主题相对集中的报道都可归为此列。

（2）狭义的主题报道指具有宏大主题背景和中心思想的政治性报道，是弘扬主旋律、实现正确舆论导向的重要途径，其政治性和思想性突出，要求报道具有"高度、速度、广度、深度、力度和温度"。

（3）成就性报道、仪式性报道等也可归于主题报道范畴。

（三）主题报道策划主要策略

1. 立足社会空间和历史空间确定站位，登高望远，拨云见日

此句话意思是说，主题报道需要在总结提炼上下功夫，站在明显高人一筹的更高海拔，对主题思想认识到位、理解到位、总结到位、提炼到位，将主题从零星琐碎的表述中抽离出来，提炼出高端大气上档次的思想精髓，或者从杂乱无章的混杂中，勾画出主题的核心要旨和关键指向。著名新闻人艾丰曾将国有企业改革解困面临的诸多难题，归纳总结为一句话"钱从哪里来，货往哪里销，人往哪里去"，既切中肯綮，又形象生动，通俗易懂，以至这句总结之语深入人心，家喻户晓。

2. 从现实和历史情境中搭建"地线"，宏观着眼，微观入手，以小见大

微切口是大多数新闻表达所推崇的方法，将宏大主题透过大众身边的小切口或微景观进入，以小见大，见微知著，往往会产生超乎寻常的感染力和说服力，激发社会共鸣效果。特别是一些重大主题报道，结合日常生活和工作中的

常见场景和现象，进行落地化处理，以“随风潜入夜，润物细无声”的细微入口和“和羞走，倚门回首”的细腻手法，可以改变主题报道说教式的刻板印象，起到“四两拨千斤”的有机传播效果。中国新闻奖作品《荣辱观的生活解读》，就是通过选择一组生活中的场景和遭遇，说明荣辱观存在于生活中的角角落落，践行荣辱观人人都可为，都可从身边做起、从自己做起，报道取得了很好的效果。

3. 从主题人事中寻找关系表达突破，纵是千言万语，不如一个故事

主题抽象、空洞、陈旧，叙事“肠梗”“肝梗”是主题报道多年来的沉疴顽疾，突出表现为多评少述，情节简短，场景有限，细节不足。叙事策略优化是破解难题的务实路径，特别是通过生动的故事描写，寓理于事，寓情于景，打破主题叙事的条条框框，自然会给人耳目一新之感。2008 年适逢改革开放 30 周年，《楚天都市报》从年初就开始推出年度巨献——《纪念改革开放 30 周年》

图 12-3　楚天都市报《纪念改革开放 30 周年》系列主题报道

大型系列报道。这组报道自始至终主题鲜明，在总主题下分列12个方面的子主题，展现改革开放在各个领域的突破。在具体展现突破历程和成效时，绝大多数采用了故事性叙事，避免了枯燥乏味、套话连篇。

4. 从凝结主题思想的金句中寻找可放大的新闻点

这些金句高度浓缩了主题思想，生动形象，入木三分，朗朗上口。在湖北省一次有关中部崛起的重要会议中，省委主要领导在讲话时表示“要把中部塌陷的帽子扔到长江去”，这句话充分展现了湖北省委省政府带领荆楚儿女奋勇向前的决心和信心，自然成为媒体竞相策划的着力点。近几年，富有主题思想的金句新语不断涌现，为主题报道策划开启了新的窗口。

三、专刊报道策划

专刊是指专门登载某一种内容的报纸或杂志。专刊可以是单独设立的一期或多期报刊，也可以是一份报刊中相对独立的版块或版面。号外往往被当做一种特殊形式的专刊。副刊也常被视为出版周期相对固定的特殊专刊。

与其他类型的专刊(如学术性专刊、会议专刊、企业专刊等)不同，新闻专刊除具有一般专刊的普遍特征外，还需要有一定的新闻性。

实际上，这既是新闻专刊的特色，也是新闻专刊创办的基本要求。

(一)专刊报道主要特点

1. 兼顾新闻属性和主题属性，是对既有报道的及时补充或补位

众所周知，新闻专副刊是媒介“留住”读者和服务读者的重要阵地，报道内容相对宽泛，适应于相对慢生活方式。但主要报道内容必须遵从受众心理需求，紧密结合新闻热点、社会热点、舆论热点展开“跟踪服务”，不能随意而为，杂乱无章。所以，专刊往往会以较大容量、相对时滞、深度调查，对刚刚发生并且极可能已被报道过的新闻进行补充式、延伸式报道，让受众充分了解新闻的侧面和背面。从这个角度讲，新闻专刊承担着新闻的总结或衍生功能。

2. 注重“第二落点”，追求挖掘新闻事件背后被遗忘的“宝贝”

“第二落点”可以是对某个要素的精确放大、对某个报道点的二次“回炉”(比如新闻事件中涉及的人物和地点，完全可能隐藏着其他有价值的故事)，也可以是对整体报道的系统性回顾、对某个强度不太明显的“关系点”的捕捉

(比如新闻报道中的当事人提及另外的某个人或事，这个人或事具有价值之处)，还可以结合新闻报道中涉及的某个信息，提供具有针对性、权威性的对接服务(比如新闻报道中遇到或提及某些专业知识、科学常识、生活窍门等，专刊可以及时进行跟进式详细服务)。

3. 报道形式可以不拘一格，充分展现个性

新闻专刊常常是记者个性表达的展台，一些"非学院派"的写作范式和夸张的表达手段都可以在此大胆尝试。正因如此，新闻周刊的读者忠诚度相对较高。

(二)专刊报道策划要则

1. 要有主题性

专刊报道类似文学写作中的散文，看起来组织形式较为松散，表达也相对宽松，但在貌似形散背后，始终有确定的主题将各个部分关联在一起，有清晰的主线将各个版块连接在一起，在核心议题上坚持"一元"主导，做到形散神不散。

2. 要有层次性

专刊版面多，容量大，哪里是中心点，哪里是次中心点，要有明确的划分，即在上述"一元"基础上，要有"多层次"结构体系，从不同的空间层次有序展开。

3. 要有创意性

专刊报道具有相对充足的筹划时间和相对自由的创作空间，在"全"和"深"基础上求"新"的关键在于关系维度上的"接点"搜索。2013 年党的十八届三中全会通过了《中共中央关于全面深化改革若干重大问题的决定》，为宣传贯彻落实好会议精神，推动新一轮改革开放，媒体纷纷组织报道策划。作为区域性媒体，《楚天金报》在策划时提出：我国改革开放具有典型性渐进式特征，每项改革多会选择先期试点、中期总结、后期推进的基本路径，新一轮改革如何推进，不妨看看有关试验状况。于是，结合全会精神和民生视角，围绕普通大众关心的 12 个重点内容，报社分别派出采访分队，赴全国各地调查"试验田"，最终以大型专题专刊形式集中呈现(见下图)。专刊报道获得广泛社会反响，读者称"一册专刊，尽揽改革进行时"，不少人要求批量购买专刊。

图 12-4 《楚天金报》《试·典》专刊

(三) 专刊报道策划策略

1. 每期有主题，版版有看点

专刊之专，既在于专门，也在于专业和专注，因此每期要有主题、有主次、有主打，每个版都有看点和亮点，做到“山花烂漫”却又能一眼看见“她在丛中笑”。

2. 中期有特色，培养受众群

要想长期拴住受众的“味蕾”，必须在色香味上形成特色。专刊“留客”，不是靠一两期突然爆发，而是中长期消费群培育，特色是打动食客“舌尖”的终极利器。特色培养，首先，要能准确获知自己的现实受众和目标受众；其次，针对受众群落需求调制“菜系”；最后，及时回收受众回馈意见，不断优化“菜品”。

3. 长期做品牌，打好情感牌

专刊往往留住的是忠诚客户，对媒体产品和品牌高度信任，久而久之可能还会形成消费依赖。因此，专刊报道策划要有品牌运营意识，做好售后服务，增设互动环节和福利游戏，以情感人。

4. 定期有活动，彰显影响力

喜欢阅读专刊的受众，往往时间调节自主权较大。通过大大小小的正规、利民活动，特别是公益性、福利性活动可以聚集人气，也可以提高专刊影响力和受众参与的积极性。

5. 表达接地气，增强活泼度

专刊的表达空间较为宽敞，表达手法较为多元，便于叙事方式创新。在国家语言法律法规允许范围内，尝试用“在地元素”，增强报道在地感，彰显表达之地气；积极结合“时代元素”，提高语言现代感，紧跟时代潮流不落伍。

四、仪式新闻报道策划

所谓仪式新闻是指围绕某件事情、某项活动的特殊意义和价值而举行专门仪式活动的新闻报道。此类新闻覆盖社会各个领域、各个层面、各个体系，具有普遍性和场景性。

（一）仪式报道特点

（1）仪式是根本，报道必须围绕仪式展开，包括仪式的意义解释、价值发掘、仪式组织及活动过程等。一般而言，每条仪式新闻聚焦的活动主题相同或相近，从这个角度看，它与主题报道具有一定重合性。

（2）仪式活动是仪式报道的新闻由头和重要内容，仪式流程、仪式实施和仪式感在报道中不可或缺，也是报道策划创新的结构性突破点。也就是说，出色的仪式新闻报道不只是报道仪式性环节，必须能见人见事见物见情见感。

（3）仪式活动名目繁多，归类不一。按照内容属性划分，主要包括政治性仪式活动（如，重大时政活动、重大成就性活动、重大纪念活动、重要节庆活动）、文化性仪式活动（如，重要历史人物与事件、重要文化工程或成就、重要文化活动）、商业性仪式活动（如，各类营业性场所的开工或竣工活动）。按照功能形式划分，主要包括特殊性仪式活动（特定时空中专门组织的重大活动）、工作性仪式活动（如启动仪式等）、自娱性仪式活动等。按照身份属性划分，常见仪式活动主要包括官方仪式性活动（官方为活动主办主体）、群众自发性仪式活动（民间组织或个体为活动主办主体）。不管如何分门别类，不同活动仪式流程的规范性并不完全相同，也并非所有具有仪式环节的活动都具有新闻价值。一些特别重大的仪式新闻，可以以专刊形式进行报道。

(4)时间、空间和关系三个维度具有高度聚合性，尤其是时间和空间元素极为醒目。

(二)仪式报道策划要则

(1)紧扣活动主题和仪式，注重时空维度，彰显仪式感、现场感、历史感，或者历史感与现场感交织，注意防止跑题。围绕仪式特色，结合时代热点和社会热点，科学设置报道议题。

(2)超越仪式本身。需要通过严肃的仪式来完成的事项，必然具有相对不同的价值，仪式是新闻价值的外在展现，需要穿过仪式现场去发现更深层新闻价值。

(3)仪式策划与报道策划并驾齐驱，以仪式活动带报道，以报道促仪式活动，相得益彰。

(三)仪式报道策划策略

(1)定位仪式的历史与现实方位，从仪式活动意义上寻找报道创新点。从仪式的隆重程度、流程的规范程度、环节的精细程度、设计的匠心程度和创新寓意度等方面，分析仪式活动的特别意义，结合历史情境，寻找报道新视点。

(2)聚焦仪式现场特点，从活动现场精心设置的环节或细节寻找突破。舍弃面面俱到，聚精会神于某个特殊点，将这个点做大最强。

(3)捕捉现场特殊人物，从人物与仪式活动的关系上寻找新视角。特殊人物与专门仪式的结合，本身就充满话题性。对现场人物进行立体扫描，搜索所有人与仪式活动的关系网络，以“最”字为圆心，筛选报道议题。

(4)关注仪式活动时间和地点，从时间节点和位置含义上寻找新角度。选择在某个地方、某个时间举行某种仪式，背后往往有着复杂和深层的考虑，这种“考虑”很可能就是要特别关注的策划报道点。

(5)留意活动超预见性事件，从超设计语言、行为和事件中寻求拓展。

俄罗斯女兵红场阅兵中踢掉鞋

据俄媒报道：2020 年 6 月 24 日，俄罗斯红场举行的“纪念卫国战争胜利75周年阅兵式”中，一名女兵在阅兵仪式中不慎将鞋踢掉。

视频显示，该女兵右脚的鞋子在行进中掉落，但这并未干扰她的步伐，女兵还是照旧继续行进。据俄罗斯海军波罗的海舰队新闻服务部门表示，因没有干扰和中断阅兵仪式，该女兵将因此获得奖励。①

上面这条新闻成为全球热点，就是因为在一场特殊的仪式活动中出现了“意外”。实际上，仪式活动现场很可能发生意想不到的新交集、新交流、新碰撞甚至新摩擦，即可能出现新的新闻素材，这些新素材往往更具新闻性和吸引力，正是新闻报道策划“可遇而不可求”的意外惊喜。

五、图表新闻报道策划

1998年，花城出版社编辑钟洁玲为推广其策划出版的《红风车经典漫画丛书》，提出了“读图时代”的概念。这一次并不成功的商业运作却促成了一次成功的概念推广，直到今天，“读图时代”一词还是广为流传与使用的强势语词。②

图像占据阅读主导地位，意味着文字的霸主地位正在削弱。这种新的阅读方式，将图表新闻报道推向新的舞台。

（一）图表新闻特点

（1）直观展现的语言革命。“直接”是图表新闻最重要的外在特征之一。它以视觉符号为主导，直接刺激视觉感官，通过视觉冲击完成信息传递。这种视觉至上的表达方式，回避了依靠文字建构“图像”的传统模式，受众无须通过文字描述去想象某些场面。

（2）目前图表新闻报道仍属于附属报道手段，更多以其他报道方式的组合或配合形式出现。随着数据新闻的发展，这种报道形式有望逐步走向舞台中央。

（3）图表新闻具体表达手段不断更新换代，使用媒介不断壮大。除传统图

① https://www.cqcb.com/headline/2020-06-26/2594396_pc.html。
② 孙晓燕：《解读“读图时代”》，《江苏教育通讯》2004年第4期，第34~38页。

片和表格模式外，数据三维可视化、可视化动态图等技术已在互联网媒体中广泛推广，并为用户所乐见。

(4)可视化是图表新闻的高级表达形式，但可视化不能停留于数字本身，必须看到数字背后的故事。

楚天金报

全球主要股指

027-86788888

全面深化改革决定全文发布

共涉及15大领域60项任务 改革力度之大范围之广前所未有

国更强健

非公有制经济财产权同样不可侵犯
国有资本项目允许非国资参股
划转部分国有资本充实社会保障基金
国资收益上缴财政比例2020年提到30%
允许农村集体建设用地出让租赁入股
允许民间资本设立中小型银行
实行院士退休和退出制度
逐步取消学校、医院等单位行政级别
选择若干具备条件地方发展自贸区
理顺城管执法体制 提高执法和服务水平
司法管辖与行政区划适当分离
上级提名下级纪委书记
领导干部不准多处占用住房 探索官邸制
实行网上受理信访制度
军队减少非战斗机构和人员

家更幸福

推进水电油气等领域价格改革
加快房地产税立法并适时推进
赋予农民对承包地抵押转让收益等权利
推进农民住房财产权抵押担保转让
严控特大城市人口 有序放开中等城市落户
废止劳动教养制度 逐步减少适用死刑罪名
不设重点学校重点班 破解择校难题
探索招生和考试相对分离 学生考试多次选择
逐步推行普通高校综合评价多元录取机制
探索全国统考不分文理科 外语一年多考
试行普通高校、高职、成人高校之间学分转换
渐进式延迟退休年龄
取消以药养医 理顺医药价格
鼓励社会办医 优先支持举办非营利性医院
“单独”夫妇可生二胎

A02-A08

《中共中央关于全面深化改革若干重大问题的决定》全文详见今日《湖北日报》

改革新征程 湖北同期声

■A16

图 12-5　《楚天金报》对党的十八届三中全会公报的图表式呈现

(二)图表新闻策划要则

(1)要让图表能“说话”，不是让会话变图表。图表新闻开辟了一种新的“报道格式”，这种格式的最大创新在于让静止凝固的数字可以“眨眼说话”，让受众对新闻中数量化、图像化表述的意思一目了然，让表达的含义更加一清二楚。让图表能“说话表意”，需要借助能表意的象形文字和会意符号，让数

据等图表构成关键要素得以竖起来、显出来。

(2)要让图表之间有逻辑关联。图表运用不只是纯粹技术性转化，图表选择和处理需要遵从内在逻辑性和关联性，组合在一起可以有机形成“表链”，共同完成完整的意义表达。

(3)图表新闻运用量需要根据实际需要采用，既不能为增加在表达方面的新意而“拉郎配”，也不能胡编乱造，“挂羊头卖狗肉”。需要用图表呈现就用图表，有其他更好表达方式就采用其他方式，千万不可生搬硬套，弄巧成拙。

(4)表无定式形无定状图无定框，图表新闻中的核心词是新闻，因此所有的图表使用都是为了最大限度地发掘新闻价值，要从图表中感知其存在的新闻性。

(三)图表新闻策划策略

(1)图表是灵动的语言，要尽可能让图表“动起来”。只有让图表具有“动感”，图表的工具属性才能充分发挥出来。这里的“动”，一方面指形式上的动，即通过技术手段赋能，让其具有动态特征。另一方面是指本质上的动，即通过图表描述事情变动、记录事务变化、刻录事物变迁。

(2)明白图表功能，随时发挥其“替代品”作用。结合具体文本，在文字难以准确描述某些直观事物的时候，或者无法得到精确数字和数据的时候，图表是可资选用的“替代品”，按照表格形式进行处理，既有助于充分展示原意，也可降低“翻译失准”问题。

(3)针对不同报道对象和内容，精心组织不同图表结构形式。数字式表链、地图式勾勒、枝蔓式铺展、叠加式拼图、序列式排比、漫画师点缀、框架式构造等形式，适用于不同的环境和对象，具体报道时需遵守需求决定供给定律。

【思考题】

1. 现象新闻报道策划要点是什么？
2. 常见的主题报道有哪些？
3. 如何理解专刊报道策划中的“一元多层次”体系？
4. 如何体现仪式报道的在场感？
5. 图表新闻与数据新闻是什么关系？

参考文献

[1][美]Werner J Severin，James W Tankard. 传播理论——起源、方法与应用[M]. 郭镇之，译. 中国传媒大学出版社，2014.

[2][美]威尔伯·施拉姆，威廉·波特. 传播学概论[M]. 何道宽，译. 中国人民大学出版社，2010.

[3][美]马克斯韦尔·麦库姆斯. 议程设置：大众媒介与舆论[M]. 郭镇之，徐培喜，译. 北京大学出版社，2017.

[4][荷]图恩·梵·迪克. 作为话语的新闻[M]. 曾庆香，译. 华夏出版社，2003.

[5][美]卡尔·霍夫兰，欧文·贾尼斯，哈德罗·凯利. 传播与劝服[M]. 张建中，李雪晴，曾苑，等，译. 中国人民大学出版社，2015.

[6][美]威廉·E. 布隆代尔.《华尔街日报》是如何讲故事的[M]. 徐扬，译. 华夏出版社，2006.

[7][美]安妮特·西蒙斯. 故事思维[M]. 俞沈彧，译. 江西人民出版社，2017.

[8][美]沃尔特·李普曼. 公众舆论[M]. 阎克文，江红，译. 上海世纪出版集团，2017.

[9][美]罗伯特·麦基. STORY 故事[M]. 周铁东，译. 天津人民出版社，2018.

[10][美]马克·克雷默，温迪·考尔. 哈佛非虚构写作课：怎样讲好一个故事[M]. 王宇光，等，译. 中国文史出版社，2015.

[11][美]威尔伯·施拉姆，威廉·波特. 传播学概论[M]. 陈亮，等，译. 新华出版社，1983.

[12][法]费尔南·布罗代尔. 资本主义论丛[M]. 顾良，张慧君，译. 中央编译出版社，1997.

[13]中共中央马克思恩格斯列宁斯大林著作编译局．马克思恩格斯选集(第4卷)[M]．人民出版社，1995.

[14]喻国明．新媒体环境下的危机传播及舆论引导研究[M]．经济科学出版社，2017.

[15]陈力丹．马克思恩格斯列宁论新闻[M]．人民日报出版社，2017.

[16]张昆．中外新闻传播史[M]．高等教育出版社，2008.

[17]蔡雯．新闻报道策划与新闻资源开发[M]．中国人民大学出版社，2004.

[18]赵振宇．新闻报道策划[M]．武汉大学出版社，2015.

[19]席文举．策划传媒[M]．南方日报出版社，2007.

[20]董璐．传播学核心理论与概念[M]．北京大学出版社，2008.

[21]张勤耘，王溥，陈红彬．激越三十年[M]．湖北人民出版社，2008.

[22]李曦珍．理解麦克卢汉——当代西方媒介技术哲学研究[M]．人民出版社，2014.

[23]马持节．新媒体环境下新闻价值的重构与转化研究[J]．新闻战线，2019(4).

[24]姜雪，熊燕．算法时代下新闻价值含义的重构[J]．视听，2018(5).

[25]荆姣姣．“第三媒介时代”新闻价值的定位与建构[J]．电视指南，2018(9).

[26]吴小坤，童峥．数据新闻对传统新闻价值的突破与重构[J]．当代传播，2017(4).

[27]陈雪奇，王昱力．大数据改变新闻价值的三个维度[J]．新疆大学学报(哲学·人文社会科学版)，2014(6).

[28]杜骏飞．Internet：被解放的新闻价值观[J]．现代传播，2002(1).

[29]刘保全．关于新闻策划的综述[J]．新闻界，1999(4).

[30]邓燕芬．记者在新媒体时代新闻策划方式的研究[J]．传播力研究，2018(1).

[31]蔡雯．对新闻策划的再思考[J]．新闻战线，1997(9).

[32]马庆．一般的公正——网络时代马克思主义新闻观的重温[J]．湖北社会科学，2013(9).

[33]庞书纬. 新中国成立 70 年典型人物报道的变迁：主体、受众与目标[J]. 新闻与写作，2019(10).

[34]刘畅. 沙市奶农见识市场残酷　5 万公斤鲜牛奶倒进农田[N]. 湖北日报，2002-04-26.

[35]王溥，韩自强. 这一刻，荆楚再起航[N]. 楚天都市报，2012-01-19.

后 记

从来没想过，会在这个时点，以这样的方式，写这样一本书。

这本是十年前就该完成的事。

那时主编或参编的一堆书中，竟然没有一本是以新闻报道策划为主题的，虽然那个时候我们的报道策划做得风生水起，虽然那不长不短的六年间我们收获了十余项中国新闻奖。

课堂上，常常会忆起那段岁月，某些人物。

课堂外，常常会不自觉问自己，今夕何夕。

终究还是把日复一日的家常，汇集成这个有些粗糙的本子。不少看法，乃一己之见，想批评就批评，想指正就指正，我回一个“请”字。

特别说明一下，书中第九章由郭缨女士执笔。在她读博士期间，我就发出了邀请，算是兑现了诺言。无疑，她是本书的作者之一。

武汉大学出版社聂勇军先生才气逼人，每次三言两语，便可握手告辞。读书看皮，读报看题，我们有幸遇见。

在即将过去的“十三五”里，好好享受了一下不想说话的快乐。感谢父母双亲，让我可以无忧于大地惊悸；感谢孩子，让我可以沉醉于活着就好；感谢夫人，让我可以安心于云淡风轻。

罗伯特·麦基说：故事，是生活的比喻。

这是我的一个故事。

庚子孟秋于华府

高等学校新闻传播学应用型系列教材

书目

* 新闻传播学导论
* 新编新闻采访学教程
* 中国新闻事业史
* 西方新闻理论概论（第二版）
* 新闻编辑原理与实务
* 新时期优秀新闻作品评析
* 新闻通讯员实务（第二版）
* 新闻摄影实务
* 新闻综合实训
* 新闻报道策划实务

新闻写作学（第五版）

* 电视新闻节目学

电视制作实践教程

* 电视节目策划

电视文艺编导

纪录片创作基础

影视制作技术与艺术

广播编辑与音频制作

* 网络新闻标题制作

新媒体概论

* 商业博客营销与写作
* 当代新闻采访与写作教程（第二版）
* 财经新闻报道
* 影视赏析
* 平面媒体电子编辑实训教程
* 媒介融合教程
* 移动新媒体写作

* 已出书